TOUREN UND REISETIPPS

TOUR 1

Bereiten Sie Ihre Reise vor und genießen Sie Ihren Urlaub, ohne etwas zu verpassen. Florenz, Pisa, Siena ... Lassen Sie sich von den einzigartigen Kulturschätzen berauschen und von der toskanischen Küche überraschen. Oder nutzen Sie einen Aufenthalt in einem *agriturismo*, um die romantischen Straßen des Chianti oder des Val d'Orcia zu erkunden und entlegene Bergnester zu entdecken. Setzen Sie sich zum *aperitivo* in eines der zahlreichen Terrassencafés und erleben Sie das *dolce vita*. Wenn Sie von der Toskana träumen, fahren Sie einfach hin!

100 % TOSKANA

Um die Lieblingsadressen der Einheimischen zu erfahren, suchen Sie nach diesem Piktogramm, das die von **Lucie Tournebize** ausgewählten Orte kennzeichnet. Lucie liebt Italien so sehr, dass sie Venedig zu ihrer Wahlheimat gemacht hat (www.occhiodilucie.com). Von dort macht sie sich regelmäßig auf, um das Land zu entdecken – auf der Suche nach einer kleinen wilden Bucht, einem verträumten Dorfplatz, auf dem man einen *aperitivo* genießen kann, oder einer versteckten Osteria.

DIE TOSKANA IN KÜRZE

Italien
Hauptstadt der Toskana:
Florenz

1.25 Std. Flug
Von Frankfurt/M nach
Florenz

Personalausweis oder Reisepass

Keine Zeitverschiebung
Sommer und Winter

Italienisch
(in den großen Städten
auch Englisch)

Euro (€)

3,7 Mio. Einwohner
6 % der Bevölkerung Italiens

Fläche

23000 km²
7 % der Fläche Italiens

ITALIEN
Lucca
FLORENZ
Pisa
URISCHES
MEER
CHIANTI
Arezzo
San Gimignano
Siena
TOSKANA
ETRUSKISCHE
RIVIERA
VAL D'ORCIA
Populonia
Elba
Castiglione
della Pescaia
Pitigliano
TYRRHENISCHES
MEER
0
20
40 km

ANREISE

FLUGZEUG

- **Zwei große internationale Flughäfen (Florenz und Pisa) werden von Deutschland aus angeflogen.**
- **Flughafen Firenze-Peretola:** Flüge von Düsseldorf, Frankfurt/M, Stuttgart, München, Zürich und Wien, saisonal auch von Berlin
- **Flughafen Pisa (Galileo-Galilei):** Lufthansa von München, Ryanair von Frankfurt/M und Nürnberg
- Flugzeit von Frankfurt/Main nach Florenz bzw. Pisa: knapp 90 Min.

PREIS FÜR EIN RÜCKFLUGTICKET

Frankfurt/M–Florenz

150-180 €	**Durchschnitt**
120-140 €	**Guter Preis**
100-110 €	**Super Preis!**

Frankfurt/M–Pisa

90-110 €	**Durchschnitt**
60-80 €	**Guter Preis**
40-50 €	**Super Preis!**

Die Preise sind im Jahresdurchschnitt angegeben. In der Hochsaison (April–Sept.) liegen sie höher.

BAHN

Der Nachtzug Nightjet der ÖBB (www.oebb.at) von München nach Florenz ist die einzige Direktverbindung in die Toskana. Tagsüber ist mindestens ein Umstieg (Verona, Padua, Bologna) nötig. Die durchschnittliche Fahrzeit ab München beträgt knapp 10 Stunden. Von Wien aus gibt es ebenfalls einen Nightjet der ÖBB nach Florenz (Fahrzeit: 10.40 Std.) Schweizer erreichen die Toskana nur tagsüber mit Umsteigen in Mailand.

KLIMA

BESTE REISEZEIT
Frühling und Herbst sind ideal wegen des milden Klimas und des schönen Lichts. Der Sommer ist hingegen sehr heiß, und die Strände sind oft überfüllt.

DURCHSCHNITTS-TEMPERATUR
(min./max. – Florenz)
Frühling: 8/20°C
Sommer: 17/30°C
Herbst: 10/21°C
Winter: 2/13°C

WASSER-TEMPERATUR
Von Juni bis September hat das Wasser eine Temperatur von 22 bis 24°C.

ÜBERNACHTEN

HOTELS

Die Unterkunft macht in der Regel einen erheblichen Teil des **Budgets** aus. Hotels sind in Italien nicht gerade günstig, und die Qualitätsstandards variieren stark. Wenn Sie den Komfort eines Zwei-Sterne-Hotels erwarten, sollten Sie sich besser für ein Drei-Sterne-Hotel entscheiden. **Buchen** Sie in Florenz und anderen beliebten Städten frühzeitig, vor allem in den Sommermonaten und rund um Feste und Feiertage (S. 19).

GÜNSTIGE UNTERKÜNFTE

Camping ist im Landesinneren noch nicht so verbreitet wie an der Küste. Einige Plätze öffnen nur im Sommer. Es gibt ein knappes Dutzend **Jugendherbergen** in der Region (einige davon in ehemaligen Klöstern), www.fuaj.org, sowie private Hostels. Die Anmietung einer **Ferienwohnung** kann eine interessante Alternative sein. Zahlreiche Angebote sind auf den einschlägigen Buchungsplattformen verfügbar.

AGRITURISMO (URLAUB AUF DEM BAUERNHOF)

Die **ideale Unterkunft**, um die Toskana besonders intensiv zu erleben! Hier hat der sanfte Tourismus seinen Ursprung. Vom rustikalen Bauernhof bis hin zum luxuriösen Landgut – der Agrotourismus ist eine hervorragende Möglichkeit, die Region zu erkunden. Unsere Kapitel Chianti (S. 100) und Val d'Orcia (S. 122) sind daraufhin ausgerichtet. Oft wird jedoch ein **Mindestaufenthalt** von zwei Nächten vorausgesetzt. www.agriturismo.it

UNTERWEGS

MIETWAGEN

- Das Auto ist sicher das bequemste Verkehrsmittel, um die Toskana zu erkunden, insbesondere auf den hügeligen Straßen im Landesinneren.
- Es gibt kein Mindestalter, aber Sie müssen mindestens ein Jahr im Besitz eines Führerscheins sein (oft gibt es einen Aufschlag für Fahrer unter 25 Jahren) und eine Kreditkarte vorzeigen. Inspizieren Sie für das Übergabeprotokoll gründlich das Fahrzeug, prüfen Sie den Füllstand des Benzintanks und lesen Sie die Versicherungsbedingungen genau durch.
- Tipp: Mieten Sie Ihr Auto bereits im Heimatland an. Das ist oft günstiger.
- Strafzettel: Zahlen Sie sofort, sonst wird es immer teurer.

STRASSENNETZ

- Die meisten Straßen (Autobahnen, aber auch Nebenstrecken) befinden sich in einem guten Zustand.
- Staatsstraßen und Schnellstraßen sind gebührenfrei, auf Autobahnen wird entsprechend der gefahrenen Strecke eine Maut erhoben.
- Beschilderung: Autobahnen sind grün, Staatsstraßen blau beschildert.

BEIFAHRER

müssen mindestens 12 Jahre alt sein.

ZTL (ZONA A TRAFFICO LIMITATO)

Das ZTL-Schild steht vor den Toren vieler Altstädte, um den Verkehr im historischen Zentrum auf Anwohner zu beschränken. Achtung, hohe Bußgelder! Befindet sich Ihr Hotel in einer ZTL, übermitteln Sie Ihr Autokennzeichen, damit es die notwendigen Schritte bei den Behörden einleiten kann. Parkplätze am Stadtrand stehen meist ausreichend zur Verfügung.

PARKEN

Hängt meist von Tag und Uhrzeit ab. Parkscheine sind in Tabakläden, Bars oder Geschäften in der Nähe erhältlich und müssen freigerubbelt werden.

- Weiße Linie: kostenlos (oft zeitlich begrenzt)
- Blaue Linie: gebührenpflichtig mit Parkschein
- Gelbe Linie: nur für Anwohner
- Beschilderung: zwei gekreuzte Hämmer = werktags (Mo–Sa), Kreuz = Sonn- und Feiertage

TANKEN

- Auf den Autobahnen sind die Tankstellen rund um die Uhr geöffnet.
- Ansonstenonst sind sie nicht selten zwischen 12.30 und 15.30 Uhr sowie am Sonntag geschlossen.
- Es gibt immer mehr Self-Service-Zapfsäulen.
- Diesel: *gasolio*
- bleifrei: *benzina senza piombo*
- Benzin: *benzina*
- Auftanken: *fare rifornimento*

ALKOHOL

In Italien gilt eine Promillegrenze von 0,5.

ACHTUNG!

ABBLENDLICHT

Auf Autobahnen und Schnellstraßen auch tagsüber Pflicht.

TEMPOLIMITS

Ortschaft
50 km/h
Nationalstraßen
90 km/h
Schnellstraßen und Autobahnen
110 km/h und 130 km/h

BUS UND BAHN

Es gibt in der Toskana eine Reihe von Busunternehmen, aber zwischen den größeren Städten ist die Bahn bequemer und oft auch günstiger. Erkundigen Sie sich in den Tourist-Infos nach Fahrplänen der Nebenstrecken, da diese oft nur werktags bedient werden. Die Region ist durch das Schienennetz von Trenitalia sehr gut erschlossen. www.trenitalia.it

GELD

BARGELDLOS ZAHLEN

- Bankkarten werden in den meisten Hotels und Restaurants akzeptiert. In Italien wird allerdings noch viel mit Bargeld bezahlt. Manche Trattorien und Geschäfte, auch in den Großstädten, akzeptieren nur Barzahlung.
- Bei Kartenzahlung entstehen keine Zusatzkosten. Bei einer Abhebung fallen Gebühren durch die Heimatbank an. Erkundigen Sie sich bei Ihrem Geldinstitut nach den Höchstgrenzen für Zahlungen und Abhebungen im Ausland.

AUSGABEN

- 80–120 € für eine Nacht in einer Mittelklasse-Unterkunft
- ca. 15 € für eine Mahlzeit in einer Trattoria
- ca. 15–40 € für eine Mahlzeit im Restaurant
- 6,50–10 € für eine Pizza
- 1–1,50 € für einen Kaffee am Tresen
- 1,50–2,50 € für ein Eis
- 3–4 € für ein Bier

IM RESTAURANT

- Für ***pane e coperto*** (Brot und Service) wird meist ein Aufschlag von 2–3 € pro Person erhoben.
- **Wasser** wird nur in Flaschen angeboten. Es ist meist günstiger als zu Hause und wird *frizzante* (mit Kohlensäure) oder *naturale* (still) getrunken.
- Überprüfen Sie vor allem an sehr touristischen Orten Ihre **Rechnung**.

ERMÄSSIGUNGEN

18- bis 25-Jährige und über 65-Jährige erhalten in Museen Vergünstigungen. Studierende der Kunstgeschichte und Lehrkräfte zahlen nur den halben Preis.

FREIER EINTRITT

Die **nationalen Museen** sind für alle Besucher unter 18 Jahren kostenlos. Am ersten Sonntag im Monat gilt freier Eintritt für alle.

CITY-CARD

Die Städte Florenz, Siena und Pisa bieten Besuchern günstige City-Pässe an, die den Zugang zu einer Reihe von Sehenswürdigkeiten ermöglichen. Erkundigen Sie sich bei den jeweiligen Tourist-Infos.

TRINKGELD

Nicht verpflichtend

IM ALLTAG

IM RESTAURANT

- Eine ***trattoria*** serviert eine einfache, qualitativ hochwertige lokale Küche, eine ***osteria*** ähnelt einer Weinstube mit Speisekarte, eine ***enoteca*** ist eine reine Weinbar, während im ***ristorante*** der Service gehobener ist.
- Auf der Karte finden Sie ***antipasti*** (Vorspeisen; Oliven, Wurst etc.), ***primi piatti*** (Nudeln, Risotto), ***secondi piatti*** (Fleisch- oder Fischgerichte, die Beilage, ***contorno***, wird separat serviert). Schließlich folgen die ***dolci*** (Nachspeisen).
- Die meisten Bars bieten ab 18 Uhr einen ***aperitivo*** an. Das Glas kostet ein paar Euro mehr, dafür haben Sie Zugang zu einem Büfett.

ÖFFNUNGS-ZEITEN

Die Geschäfte sind meist zwischen 13 und 15/16 Uhr sowie an Sonntagen geschlossen, oft auch am Montagvormittag.

STROM

Spannung: 220 V, aber die Steckdosen haben drei Löcher (Typ-L). Das Laden von Telefonen oder Kameras ist möglich, Schukostecker benötigen einen Adapter.

KIRCHEN

- Achten Sie auf angemessene Kleidung (keine Shorts oder kurze Röcke, bedeckte Schultern).
- Nicht selten werden Eintrittsgebühren erhoben.

FESTE UND FEIERTAGE

Neujahr (Feiertag)	1. Januar
Heilige Drei Könige (Feiertag)	6. Januar
Carnevale in Viareggio	Februar/März
Ostermontag (Feiertag)	März/April
Festa della Liberazione (Feiertag)	25. April
Tag der Arbeit (Feiertag)	1. Mai
Christi Himmelfahrt	Mai
Festa del Grillo in Florenz	Sonntag nach Christi Himmelfahrt
Festa della Repubblica (Feiertag)	2. Juni
Giostra dell'Archidado in Cortona	Erster Sonntag im Juni
Luminara di San Ranieri in Pisa	16.–17. Juni
Calcio storico in Florenz	Zweite und dritte Juniwoche
Calcio storico Finale in Pisa	24. Juni
Gioco del Ponte in Pisa	Letzter Sonntag im Juni
Palio in Siena	2. Juli
Mariä Himmelfahrt (Feiertag)	15. August
Palio in Siena	16. August
Giostra del Saracino in Arezzo	Erster Sonntag im September
Luminara di Santa Croce	13. September
Allerheiligen (Feiertag)	1. November
Giorno dell'Unità Nazionale (Feiertag)	4. November
Mariä Empfängnis (Feiertag)	8. Dezember
Weihnachten (Feiertag)	25. Dezember
Santo Stefano (Feiertag)	26. Dezember

TELEFON UND INTERNET

In Italien bestehen Telefonnummern (Festnetz und Handy) aus acht bis zehn Ziffern. Handynummern beginnen mit einer 3, ohne Ortsvorwahl (z. B. ✆ 34 93 56 28 89).

00 39 66915 2626

- 00: Für Anrufe von Deutschland aus nach Italien
- 39: internationale Vorwahl von Italien
- 66915 2626: Nummer des Teilnehmers

00 49 143 92 19 76

- 00: Für Anrufe von Italien aus nach Deutschland
- 49: internationale Vorwahl von Deutschland
- 143 92 19 76: Nummer des Teilnehmers ohne die Null

0 55 29 32 66

- 0: Für Gespräche innerhalb Italiens
- 55 29 32 66: Nummer des Teilnehmers

ROAMING

Auch wenn Roaminggebühren im EU-Ausland nicht mehr erhoben werden, kann das Herunterladen von Daten schnell ins Geld gehen. Bevor Sie Ihr Limit überschreiten, erhalten Sie in der Regel eine Warnung Ihres Anbieters. Wer im Urlaub viel online unterwegs sein möchte, kann Datenpakete extra erwerben.

EIN WENIG ITALIENISCH

Guten Tag	Buon giorno
Guten Abend	Buona sera
Entschuldigung	Scusi
Bitte	Per favore
Danke	Grazie
Sprechen Sie Deutsch? Englisch?	Parla tedesco? inglese?
Ich verstehe nicht	Non capisco

GESUNDHEIT UND SICHERHEIT

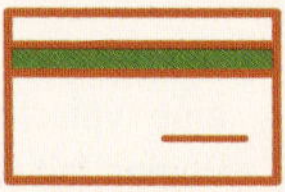

GESUNDHEIT

Besorgen Sie sich vor Ihrer Abreise eine **Europäische Krankenversicherungskarte**, damit die Kosten für die medizinische Versorgung vor Ort übernommen werden. Nutzen Sie öffentliche Krankenhäuser, um die Kosten erstattet zu bekommen.

NOTFALL

Unfall: 112

Polizei: 113

SPITZENPRODUKTE DER TOSKANA UND ...

Olivenöl
Markenzeichen der lokalen Landwirtschaft und Kultur. Niedriger Säuregehalt und ein süßer und fruchtiger Geschmack zeichnen das Öl aus. Das gelbe Gold bereichert die toskanische Küche bis hin zu den Desserts.

***Fagioli* (Bohnen)**
Bohnen gelten als Grundnahrungsmittel der toskanischen Küche – als Salat und vor allem als Suppe *(minestrone)*.

Probieren Sie *ribollita*, eine typische Suppe der Region mit weißen Bohnen und Kohl.

Toskanisches Brot
Nie gesalzen, passt es wunderbar zu Wurstwaren und ist die Grundlage für *fettunta* (mit Öl und geröstet), *panzanella* (Salat aus altem Brot, Tomaten und Zwiebeln) und sogar eine Suppe: *pappa al pomodoro*.

... KULINARISCHE SPEZIALITÄTEN

Crostini toscani
Mit Leberpastete von Geflügel oder Kaninchen

Lampredotto
Sandwich mit geschmorten Rinderkutteln

Lardo di Colonnata
In Marmorbecken gereift – außergewöhnlich!

Bistecca alla fiorentina, über der Glut gegartes Rindfleisch

Pappardelle al cinghiale
Pasta mit Wildschwein

Zuccotto
Gefrorener Kuchen mit Schoko-Mandel-Creme

WEINE DER TOSKANA

DER ANBAU

Mengenmäßig entfallen auf die Toskana nur rund 5 % der nationalen Weinproduktion. Aber beinahe die Hälfte der Weine mit kontrollierter Herkunftsbezeichnung stammt aus der Region. Das darf als eindeutiger Hinweis auf die Qualität der hiesigen Weinberge gedeutet werden!

CHIANTI

Dieser weltberühmte, jahrhundertealte Rotwein stammt von den gleichnamigen Hügeln zwischen Florenz und Siena. Der **Chianti classico**, die edelste Sorte, ist am *gallo nero* (schwarzer Hahn) zu erkennen – mit einer Note von Himbeeren und Schwarzkirschen.

VINO NOBILE DI MONTEPULCIANO

Der **Nobile** ist körperreicher und kräftiger als der Chianti und besteht zu mindestens 70 % aus Sangiovese-Trauben. Am besten lässt man ihn einige Zeit reifen, um seinen Geschmack zu verfeinern. Der leichtere **Rosso di Montepulciano** erfordert weniger Aufwand.

BRUNELLO DI MONTALCINO

Dieser außergewöhnliche Rotwein steht regelmäßig auf der Liste der 100 besten Weine der Welt. Die Rebsorte **Sangiovese Grosso** ist die Grundlage für diesen samtigen Tropfen mit zarten und zugleich kräftigen Aromen. Der **Rosso di Montalcino** ist etwas leichter.

VERNACCIA DI SAN GIMIGNANO

Ursprünglich ein Messwein und heute der berühmteste Weißwein der Toskana. Ein Glas des stroh- bis goldgelben **Vernaccia**, benannt nach seiner Rebsorte, ist harmonisch und eher leicht. Er eignet sich perfekt für einen *aperitivo* am frühen Abend.

ITALIEN
FLORENZ
Lucca
Pisa
GURISCHES
MEER
S. 102
CHIANTI
Arezzo
S. 96
San Gimignano
Siena
ETRUSKISCHE
RIVIERA
S. 124
S. 128
Montepulciano
Montalcino
VAL D'ORCIA
Populonia
Elba
Castiglione
della Pescaia
Pitigliano
TYRRHENISCHES
MEER
0
20
40 km

EIN WENIG GESCHICHTE

1000 v. Chr.
Beginn der etruskischen Kultur

Völker aus dem Norden siedeln sich im 11. Jh. v. Chr. in der Region an. Von Latium bis zur Po-Ebene entsteht eine Reihe von Stadtstaaten.

4. Jh. v. Chr.
Zunehmende Konflikte mit Rom

Die Spannungen zwischen Etruskern und Römern nehmen zu. Im 3. Jh. v. Chr. besiegeln mehrere Niederlagen das Ende der Etrusker.

3. Jh. v.–5. Jh. n. Chr.
Römisches Reich

Triumph der römischen Kaiser über die Toskana. Die Hegemonie des römischen Imperiums bleibt bis zu seinem Untergang 476 bestehen.

3.–6. Jh.
Aufschwung des Christentums

Das Kaiserreich im Niedergang. Der Druck der Barbaren vor den Toren Roms und der Aufstieg der Kirche begleiten das Ende des Imperiums.

5–6. Jh.
Fremde Invasoren

Es kommt immer wieder zu Auseinandersetzungen zwischen Langobarden, Franken und Byzantinern um die Kontrolle der Toskana.

10–14. Jh.
Kaiser und Papst ringen um die Macht

Otto I. gründet 962 das Heilige Römische Reich. Es folgt eine Zeit starker Rivalität zwischen Kaiser, Papst und den Stadtstaaten.

15. Jh.
Medici-Fürsten und die Renaissance

Florenz und die Medici behaupten ihre Vormachtstellung und leiten eine Epoche der wirtschaftlichen und künstlerischen Blüte ein.

Anfang 19. Jh.
Ausländische Einflüsse

Die napoleonischen Kriege prägen Norditalien ab 1796 für fast 20 Jahre. Nach 1814 gerät die Region unter österreichischen Einfluss.

1860–1870
Einigung Italiens (Risorgimento)

Mit Cavour entsteht ein patriotisches Bewusstsein. Die Toskana und andere Herzogtümer Italiens schließen sich ab 1860 zusammen.

1922–1943
Faschismus

In Italien ergreift Benito Mussolini die Macht und führt die Diktatur ein. Die Toskana ist ab 1943 Schauplatz zahlreicher Bombenangriffe.

1946
Gründung der Republik

In einem Referendum spricht sich die Toskana mit über 70 % für das Ende der Monarchie und die Einführung der Republik aus.

1950er-Jahre
Italien und Europa

Italien ist Vorreiter der europäischen Einigung. Bereits 1951 unterzeichnet es in Paris mit fünf weiteren Ländern den EGKS-Vertrag.

DIE KULTUR DER ETRUSKER

DIE URSPRÜNGE

Die etruskische Zivilisation entstand im 11. und 10. Jh. v. Chr., wobei die geografischen Ursprünge dieses Volkes bis heute ungeklärt sind. Historiker waren lange der Ansicht, dass die Etrusker aus Kleinasien stammten. In Wirklichkeit war es wohl eine autochthone Kultur.

DIE STÄTTEN

Ihren Höhepunkt erreichte die etruskische Kultur im 6. Jh. mit der Gründung des Zwölfstädtebundes, einer Konföderation aus zwölf Stadtstaaten. Von Arezzo über Volterra und Cortona bis hin zu Populonia konzentrieren sich in der Toskana die wichtigsten Stätten.

DER NIEDERGANG

Die strategische Bedeutung und der Wohlstand der etruskischen Städte führten zu einer Rivalität mit dem aufstrebenden Rom sowie zu kriegerischen Auseinandersetzungen. Im 3. Jh. v. Chr. besiegelte eine Reihe von Niederlagen das Ende der etruskischen Herrschaft.

DIE ETRUSKISCHE ZIVILISATION

Die Hinterlassenschaften dieser Kultur sind zahlreich, ebenso die Museen, die allein diesem Volk gewidmet sind. Die Sammlungen mit Bronzestücken und Töpferwaren sind beeindruckend. Die Grabkunst stand im Zentrum dieser Kultur, die Nekropolen von Populonia und die *Vie Cave* von Pitigliano sind faszinierende Zeugnisse davon. Der Wohlstand der Etrusker beruhte auf der Ausbeutung von Eisenvorkommen und der Landwirtschaft, die von einer mächtigen Aristokratie beaufsichtigt wurde.

4. Jh. v. Chr.
Chimäre von Arezzo

Die etruskische Bronzestatue wurde 1553 in Arezzo entdeckt *(S. 72)*.

Museo archeologico di Firenze

3. Jh. v. Chr.
***Vie Cave* in Pitigliano**

Der Zweck dieser von den Etruskern in den Tuffstein gegrabenen Hohlwege gibt bis heute Rätsel auf *(S. 136)*.

5.–7. Jh. v. Chr.
Nekropolen von Populonia

Eine in den Felsen getriebene, 80 Hektar große Totenstadt – mit Panoramablick auf den Golf von Baratti *(S. 146)*.

DIE RENAISSANCE IN DER TOSKANA

DIE MEDICI, EINE FAMILIE VON MÄZENEN ...

Ursprünglich waren die Medici eine Bankiersfamilie. 1434 wurde **Cosimo der Ältere** von den Florentinern zum Stadtoberhaupt gewählt. Damit begann die Herrschaft der Medici-Dynastie, unter anderem mit **Lorenzo dem Prächtigen**, der bis 1492 regierte. Ab 1537 wurde ihre Macht dank des großen Staatsmanns **Cosimo I.** offiziell erblich. Im 17. Jh. verfiel das von den Medici regierte Großherzogtum und verschwand schließlich 1723 mit dem Tod des letzten Erben, Johann Gaston de' Medici, von der Landkarte.

... UND DER BEGINN DER RENAISSANCE

Die Medici haben Florenz drei Jahrhunderte lang politisch geprägt, doch auch in künstlerischer Hinsicht haben sie wichtige Spuren hinterlassen. Als Liebhaber von Kunst und Literatur (insbesondere Cosimo der Ältere und Lorenzo der Prächtige) war es ihnen ein Anliegen, das kreative Schaffen zu unterstützen. Die **Rückbesinnung** auf klassische Texte, die Wissenschaft und Philosophie der Antike wurde durch die Gründung und Finanzierung von Universitäten, aus denen zahlreiche Künstler hervorgingen, gefördert.

KUNST IM UMBRUCH

Petrarca und ***Boccaccio*** stellten die Schönheit und den Humanismus der Antike der Finsternis des Mittelalters gegenüber. Diese kulturelle Erneuerung fiel mit einer Zeit zusammen, in der die florierenden Städte nach ihrer Identität suchten.

DIE GROSSEN MEISTER

Leonardo da Vinci ist Künstler und Wissenschaftler zugleich und die Symbolfigur der Renaissance. ***Michelangelo*** zeichnet sich in mehreren Disziplinen aus. ***Botticelli***, ***Lippi*** oder ***Fra Angelico*** stehen für die Malerei, ***Brunelleschi*** für die Architektur.

LORENZO DE' MEDICI

Porträt von Vasari, entstanden 1533–1534

Galleria degli Uffizi (Uffizien), Florenz *(S. 52)*

DOMKUPPEL IN FLORENZ

Von Brunelleschi errichtet und architektonisches Symbol der Renaissance

Piazza del Duomo, Florenz *(S. 60)*

DAVID VON MICHELANGELO

Bekannteste Skulptur der Kunstgeschichte (1501–1504)

Galleria dell'Accademia *(S. 60)* und Piazza della Signoria *(S. 52)*, Florenz

DANTE, LEONARDO DA VINCI ...

DANTE ALIGHIERI

1265–1321

Dantesk! Es gibt nur wenige Schriftsteller, aus deren Nachname ein Adjektiv gebildet werden kann. Sein Werk ist sowohl erhaben als auch an vielen Stellen recht düster.

Dante war **Dichter**, **Philosoph** und **Politiker** und der Erste, der nicht auf Lateinisch, sondern in der Volkssprache der Toskana schrieb.

Sein Meisterwerk, die ***Göttliche Komödie***, ist eine lange Erzählung über seine Reise ins Jenseits, durch die Hölle, das Fegefeuer und schließlich das Paradies, wo er die Frau wiedertrifft, die ihm sein Leben lang als Muse diente: Beatrice Portinari.

LEONARDO DA VINCI

1452–1519

Als großer Protagonist der Renaissance fasziniert dieses Universalgenie immer wieder aufs Neue. **Maler**, **Wissenschaftler**, **Bildhauer**, **Architekt**, **Ingenieur** ... Da Vinci bleibt unerreicht in der Vielfalt seines Schaffens.

Mit 17 Jahren trat er in das Atelier des Malers und Bildhauers Verrocchio ein und genoss eine erstklassige Ausbildung. Da Vinci wurde bald darauf zu einem anerkannten Künstler. 1482 ging er nach Mailand, um 17 Jahre lang in den Diensten der Sforza zu stehen. Nach seiner Rückkehr nach Florenz trieb er weitere Projekte voran und begann bereits 1503 mit der *Mona Lisa*.

... UND DIE ANDEREN GROSSEN MEISTER

MICHELANGELO
1475–1564

In Rom die Sixtinische Kapelle ... und in Florenz der ***David*** in der Galleria dell'Accademia *(S. 60)* sowie der ***Bacchus*** im Museo del Bargello *(S. 52)*.

BOTTICELLI
1445–1510

Die Geburt der Venus zählt zu den berühmtesten Werken des italienischen Malers und ist in der Galleria degli Uffizi in Florenz zu sehen *(S. 52)*.

MACHIAVELLI
1469–1527

Von den Medici ins Exil getrieben, schrieb er 1513 ***Der Fürst***, eine Abhandlung, die die politische Philosophie maßgeblich geprägt hat.

BRUNELLESCHI
1377–1446

Der Architekt der Renaissance! Sein Hauptwerk ist die **Kuppel** des Doms in Florenz. Eine technische Meisterleistung, die Geschichte schrieb *(S. 60)*.

FRA ANGELICO
1400–1455

Der von religiöser Inbrunst beseelte Dominikanermönch ist einer der bedeutendsten Maler der Florentiner Frührenaissance. Sein Hauptwerk: die von mystischer Intimität geprägten Fresken in den Zellen und Gängen der Klosteranlage **Convento San Marco** in Florenz *(S. 60)*.

DIE IMPOSANTESTEN DOMBAUTEN

Dom von Florenz
Majestätisches Ensemble mit Baptisterium

Dom von Pisa
Und gleich daneben der berühmte Schiefe Turm

Dom von Pienza
Kleines Juwel der Renaissance

Dom von Lucca
Weißer Marmor und Arkadenreihen

Dom von Pistoia
Überragt von einem 66 m hohen Glockenturm

Dom von Siena
Symbol der gotischen Architektur

ITALIEN
S. 74
Pistoia
S. 82
Lucca
S. 60
FLORENZ
S. 78
Pisa
GURISCHES
MEER
CHIANTI
Arezzo
San Gimignano
S. 90
Siena
ETRUSKISCHE
RIVIERA
S. 127
Pienza
VAL D'ORCIA
Populonia
Elba
Castiglione
della Pescaia
Pitigliano
TYRRHENISCHES
MEER
0 20 40 km

DIE SCHÖNSTEN HAUPTPLÄTZE

Piazza dell'Anfiteatro (Lucca) Bestückt mit schönen Terrassen

Piazza dei Cavalieri (Pisa) Gesäumt von Palästen aus dem 16. Jh.

Piazza Grande (Arezzo) Kulisse in *Das Leben ist schön*

Piazza del Campo (Siena) Das imposante Herz der Stadt

Piazza del Duomo (San Gimignano) Türme aus dem 13. Jh.

Piazza Grande (Montepulciano) Hoch oben auf dem Hügel

ITALIEN
S. 82
Lucca
Piazza dell'Anfiteatro
FLORENZ
S. 78
Pisa
Piazza dei Cavalieri
GURISCHES
MEER
CHIANTI
S. 72
Arezzo
Piazza Grande
S. 96
San Gimignano
Piazza del Duomo
S. 90
Siena
Piazza del Campo
TOSKANA
ETRUSKISCHE
RIVIERA
S. 124
Montepulciano
Piazza Grande
VAL D'ORCIA
Populonia
Elba
Castiglione
della Pescaia
Pitigliano
TYRRHENISCHES
MEER
0
20
40 km

DOLCE VITA – DIE BESTEN SPOTS

Einen *aperitivo* genießen, in Lucca im Herzen der Stadt

Florenz zum Sonnenuntergang, auf der Piazzale Michelangelo

Zwischen Zypressen und grünen Hügeln im Val d'Orcia

Durch mittelalterliche Gassen schlendern, in Pitigliano

Den Markt besuchen, beispielsweise in Florenz oder Siena

Ausgiebig am Strand faulenzen auf der Insel Elba

ITALIEN
S. 82
Lucca
S. 66
FLORENZ
Pisa
GURISCHES
MEER
CHIANTI
Arezzo
San Gimignano
S. 88
Siena
ETRUSKISCHE
RIVIERA
S. 122
VAL D'ORCIA
Populonia
S. 148
Elba
Castiglione
della Pescaia
S. 134
Pitigliano
TYRRHENISCHES
MEER
0 20 40 km

HEILBÄDER UND THERMEN

Kostenloses Badevergnügen
Die Thermen von **Saturnia** sowie die Bäder von **San Filippo** und **San Casciano dei Bagni** sind frei zugänglich. In **Bagno Vignoni** kann man zwar nicht mehr baden, aber unterhalb des Beckens gibt es einige natürliche Pools, in die man seine Füße stecken kann. In **Montecatini Terme** ist der Zugang kostenpflichtig.

Bagno Vignoni
Seit der Antike sprudelt hier das heiße Wasser

Saturnia
Schwefelhaltiges Wasser mitten im Wald

Bagni San Filippo
Eine einzigartige Kalksteinlandschaft

San Casciano dei Bagni
Steinerne Becken

Montecatini Terme
Thermen nach römischem Vorbild

ITALIEN
S. 74
Montecatini Terme
FLORENZ
Pisa
GURISCHES
MEER
CHIANTI
Arezzo
San Gimignano
Siena
ETRUSKISCHE
RIVIERA
VAL D'ORCIA
S. 130
Bagno Vignoni
S. 131
Bagni San Filippo
S. 131
San Casciano dei Bagni
Populonia
Elba
Castiglione
della Pescaia
S. 137
Terme di
Saturnia
Pitigliano
TYRRHENISCHES
MEER
0
20
40 km

TRADITIONELLE FESTE

Calcio Storico
Florenz
14.–24. Juni

Carnevale | **Viareggio**
Wochenenden im Februar bis Faschingsdienstag

Palio
Siena
2. Juli und 16. Aug.

Giostra dell'Orso
Pistoia
25. Juli

Regata storica
Pisa
Letztes Juni-Wochenende

Giostra del Saracino
Arezzo
Ende Juni, 1. So im Sept.

ITALIEN
S. 74
Pistoia
S. 84
Viareggio
Lucca
S. 48
FLORENZ
S. 76
Pisa
GURISCHES
MEER
CHIANTI
S. 72
Arezzo
San Gimignano
S. 90
Siena
ETRUSKISCHE
RIVIERA
VAL D'ORCIA
Populonia
Elba
Castiglione
della Pescaia
Pitigliano
TYRRHENISCHES
MEER
0 20 40 km

FLORENZ – HAUPTSTADT DER MODE

GUCCI

Kaum zu glauben, dass Gucci, das heutige Luxusimperium, **1921** in Florenz in den Mauern eines kleinen **Lederwarenladens** in der Via del Parione geboren wurde. Anfangs widmete sich Guccio Gucci dem Reiterbedarf und entwickelte eine raffinierte Ästhetik. Die **Bamboo-Tasche** entstand während des Zweiten Weltkriegs aufgrund von Materialbeschränkungen. Die Gucci-Taschen und -Koffer wurden schnell zum Erfolg, und die Legende setzt sich trotz Nachfolgezwist fort.

SALVATORE FERRAGAMO

Der Schuhdesigner ließ sich in den 1920er-Jahren in **Hollywood** nieder – mit großem Erfolg. Er kehrte 1927 zurück, um seine Firma in Florenz weiterzuführen. Berühmt wurden etwa die ikonischen Schuhe in Ferragamo-Rot. Das Unternehmen befindet sich noch immer in Familienbesitz.

EMILIO PUCCI

Der 1914 geborene Florentiner Aristokrat begann seine Karriere als Modedesigner mit der Kreation von Skianzügen aus Stretch. Innovative Materialien und vor allem fröhliche **psychedelische Muster** bescherten ihm in den 1970er-Jahren den endgültigen Durchbruch.

ROBERTO CAVALLI

Dieses Enfant terrible der Modewelt stammt aus einer florentinischen Künstlerfamilie. Als ehemaliger Kunststudent kreiert er seit den 1960ern eine moderne Prêt-à-porter-Mode. **Jeans** und **Leder** sind seine bevorzugten Materialien, die er bedruckt, abnutzt, flechtet ...

WUNDERBARE SOUVENIRS

Melograno-Seife

Geradezu ein Muss in der Officina profumo-farmaceutica di Santa Maria Novella.

Florenz: Via della Scala 16 *(S. 60)*

Gürtel aus geflochtenem Leder

Die traditionelle Lederverarbeitung ist in Florenz noch lebendig.

Florenz: Scuola del Cuoio, Via di S. Giuseppe 5r oder Digerolamo *(S. 63)*

Olivenöl

Die besten Öle kommen aus dem Chianti sowie aus Siena.

Florenz: Bottega dell' Olio, Piazza del Limbio 2r oder Procacci *(S. 63)*

Eine Flasche Brunello di Montalcino

Der Star unter den Weinen der Toskana wurde vielfach ausgezeichnet.

Montalcino: Cave Biondi-Santi *(S. 128)*

Trendige Mode

Bevorzugen Sie in diesem Modetempel die italienischen Marken.

Florenz: Luisa Via Roma, Via Roma 19/21 *(S. 63)*

Feinkost

Das Beste der toskanischen Küche, darunter der süße *panforte*.

Siena: Dolce Siena, Piazza del Campo 3–4 *(S. 92)*

FLORENZ — PISA — SIENA — FLORENZ

DIE KLASSIKER DER TOSKANA

TOUR 1

- **Eine Reise zu den großen Museumsstädten! Geschichte und Kunst prägen diese drei toskanischen Destinationen, die auch in den Abendstunden sehr belebt sind.**
- **Die Rundreise ist sowohl von Florenz als auch von Pisa aus durchführbar, wenn man an einem der beiden Flughäfen ankommt.**

1 Florenz

Kulturerbe und viel Geschichte
3 Tage

2 Pisa

Der Schiefe Turm und noch viel mehr!
2 Tage

3 Siena

Eine der schönsten Städte der Toskana
2 Tage

4 Tagesausflüge

• **Von Florenz:** Arezzo • **Von Pisa:** Lucca; Meer, Marmor und Alpen • **Von Siena:** San Gimignano

ETAPPE 1 FLORENZ

VOM FLUGHAFEN INS ZENTRUM

Shuttlebus: Mit dem Volainbus von 5.30–0.30 Uhr, Dauer 30 Min., Ankunft am Bahnhof Santa Maria Novella (Stazione Centrale)
Taxi: 22 € (Festpreis) tagsüber, Aufschlag an Feiertagen und in der Nacht; zusätzlich 1 € pro Gepäckstück

RESERVIERUNG

Reservierung erforderlich: die Domkuppel von Brunelleschi
Reservierung empfohlen: Uffizien, Galleria dell'Accademia, Palazzo Pitti

INFOS & ADRESSEN

Tourist-Info: Via Cavour 1r, www.firenzeturismo.it
Verkauf der Firenze Card, mit der man innerhalb von 72 Stunden 72 Denkmäler und Museen besuchen kann
Info Point: Piazza della Stazione 4, Piazza San Giovanni 1 und Via del Termine 11

SEHENSWERTES

Wir haben den Stadtbesuch in drei Abschnitte aufgeteilt:
1. Piazza della Signoria und Ponte Vecchio
2. Dom, Santa Maria Novella, San Marco
3. Oltrarno, das andere Arno-Ufer

Man ist ca. 20 Min. zu Fuß (ohne Besichtigungen) zwischen dem Convento di San Marco und dem Palazzo Pitti unterwegs.

UNTERWEGS IN FLORENZ

Zu Fuß: Definitiv am praktischsten! Die wichtigsten Sehenswürdigkeiten und Museen konzentrieren sich auf 1 km^2. Vom Dom aus dauert es z. B. nur etwa 8 Minuten zum Ponte Vecchio.
Bus: Ein Service von Bussini mit kleinen Elektrobussen, drei Linien, 7–21 Uhr, www.ataf.net
Auto: Die Innenstadt von Florenz ist »Zona Traffico Limitato« (ZTL), d. h. für den normalen Verkehr gesperrt. Erkundigen Sie sich am besten bei Ihrem Hotel, wie Sie dorthin gelangen. Parken können Sie auf öffentlichen Parkplätzen sowie in der Garage Michelangelo. www.firenzeparcheggi.it

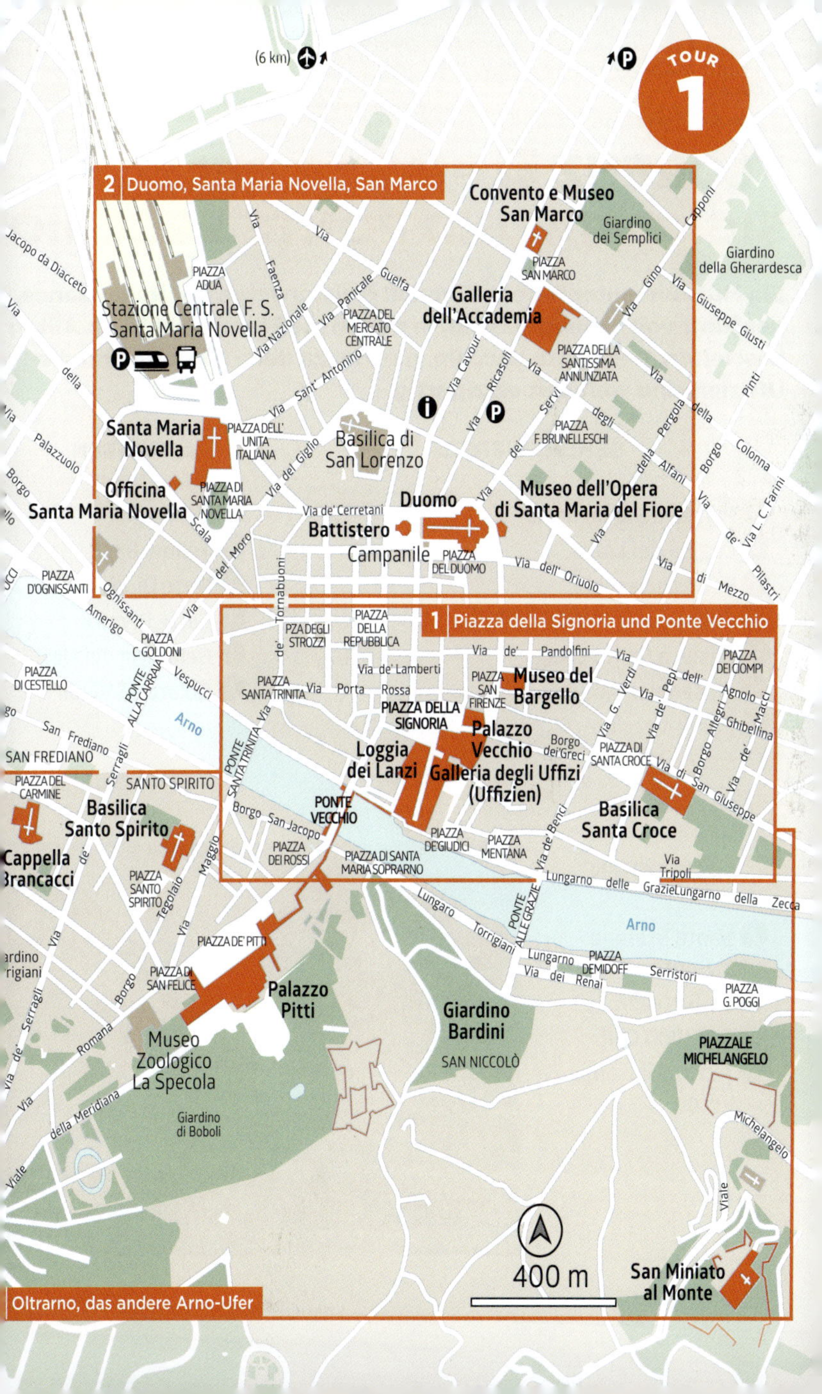

TOUR 1
(6 km)
2 Duomo, Santa Maria Novella, San Marco
1 Piazza della Signoria und Ponte Vecchio
Oltrarno, das andere Arno-Ufer
Convento e Museo San Marco
Galleria dell'Accademia
Stazione Centrale F. S. Santa Maria Novella
Santa Maria Novella
Officina Santa Maria Novella
Basilica di San Lorenzo
Duomo
Battistero
Campanile
Museo dell'Opera di Santa Maria del Fiore
Museo del Bargello
Palazzo Vecchio
Loggia dei Lanzi
Galleria degli Uffizi (Uffizien)
Ponte Vecchio
Basilica Santa Croce
Basilica Santo Spirito
Cappella Brancacci
Palazzo Pitti
Museo Zoologico La Specola
Giardino di Boboli
Giardino Bardini
San Niccolò
Piazzale Michelangelo
San Miniato al Monte
Arno
Giardino dei Semplici
Giardino della Gherardesca
Piazza della Signoria
Piazza del Duomo
Piazza della Repubblica
Piazza San Marco
Piazza della Santissima Annunziata
San Frediano
Santo Spirito
400 m

FLORENZ 1 PIAZZA DELLA SIGNORIA UND PONTE VECCHIO

Ein Museum unter freiem Himmel! Meisterwerke der Renaissance, gesäumt von kleinen Gassen, in denen die Florentiner ihren Alltag bestreiten. Der Ponte Vecchio, die Piazza della Signoria und die Uffizien sind weltweit einzigartig.

SEHENSWERTES

- A Piazza della Signoria
- B Loggia dei Lanzi
- C Palazzo Vecchio
- D Galleria degli Uffizi (Uffizien)
- E Basilica Santa Croce
- F Museo del Bargello
- G Ponte Vecchio

ADRESSEN

- 1 Del Fagioli
- 2 Yellow Bar
- 3 Note Di Vino
- 4 Caffè Rivoire
- 5 Gelateria dei Neri
- 6 Gelateria Vivoli

AUSGEHEN

- 7 Santo Stefano al Ponte
- 8 La Terrazza
- 9 The Blob Club
- 10 Teatro Giuseppe Verdi

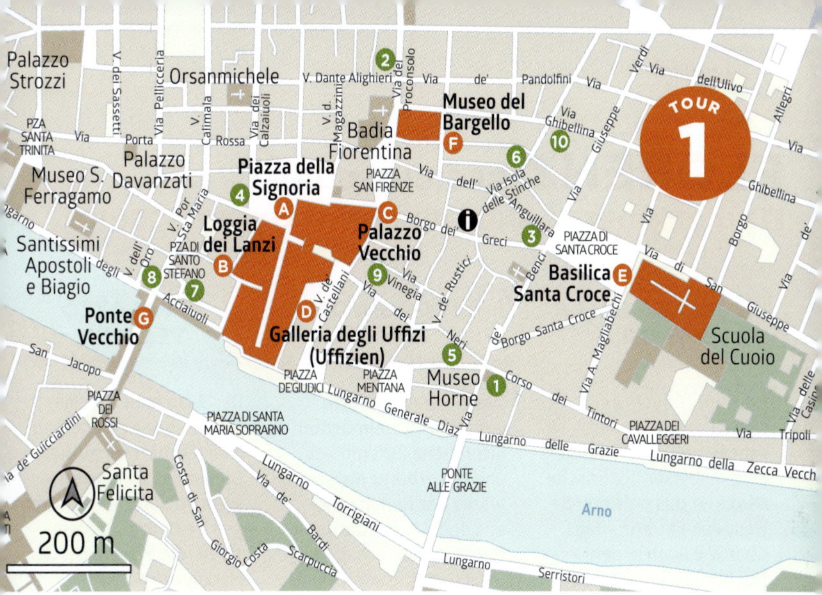

MEINE LIEBLINGSADRESSEN IN FLORENZ

FLORENZ BESICHTIGUNG

1 PIAZZA DELLA SIGNORIA UND PONTE VECCHIO

A PIAZZA DELLA SIGNORIA

Eintritt frei

Neptunbrunnen, imposante Paläste, Renaissancestatuen, Terrassencafés ... Dieser historische **Platz** ist das pulsierende Herz von Florenz – tagsüber wie auch in den Nachtstunden *(Bild)*.

B LOGGIA DEI LANZI

Piazza della Signoria | Eintritt frei

Diese offene **Galerie** war im 14. Jh. ein Ort für öffentliche Zeremonien und beherbergt Meisterwerke der Renaissance aus dem 16. Jh., darunter *Perseus*, eine erhabene Bronzestatue von Cellini.

C PALAZZO VECCHIO

Piazza della Signoria | Eintritt

Der 95 m hohe Glockenturm mit seinen Wappen ist ein echter Hingucker. Die Pracht im Inneren steht im Kontrast zur strengen **Festung** aus dem 13. Jh., die Machtbasis der Herzöge der Toskana war.

D GALLERIA DEGLI UFFIZI (UFFIZIEN)

Piazzale degli Uffizi 6 | Eintritt | Reservierung empfohlen

Die Uffizien sind eines der größten **Museen** der Welt. Der Gebäudekomplex wurde Ende des 16. Jhs. von Herzog Cosimo I. erbaut und auf Betreiben seines Nachfolgers Francesco de' Medici wenig später in eine Kunstgalerie umgewandelt. Heute beherbergt die Sammlung zahlreiche große Meisterwerke der Renaissance. Ganze Säle sind den großen Künstlern Botticelli und Michelangelo gewidmet. Botticellis *Der Frühling* und *Die Geburt der Venus* faszinieren immer wieder aufs Neue. Lassen Sie sich auch von Filippo Lippis *Krönung der Jungfrau Maria* oder den Werken von Fra Angelico, Leonardo da Vinci, Raffael oder Caravaggio verzaubern.

E BASILICA SANTA CROCE

Piazza di Santa Croce | Eintritt

Diese gotische Basilika aus dem 13. Jh. beeindruckt. Die Fresken von **Giotto**, der gekreuzigte Christus von **Donatello**, das Grabmal von **Michelangelo** und der Kreuzgang sind atemberaubend.

F MUSEO DEL BARGELLO

Via del Proconsolo 4 | Eintritt

Die Festung aus dem 13. Jh. präsentiert eine bedeutende Sammlung von Skulpturen (14.–17. Jh.), darunter **Michelangelos** *Bacchus* und **Donatellos** *David*, die erste Aktstatue der Renaissance.

G PONTE VECCHIO

Eintritt frei

Die älteste **Brücke** der Stadt (14. Jh.). Ursprünglich wurden hier Lebensmittel gehandelt, seit 1593 beherbergt sie Juweliere. Besuchen Sie die Brücke am Abend, um das besondere Licht zu genießen.

 Die jeweiligen Öffnungszeiten finden Sie im Register ab S. 150.

TOUR
1

FLORENZ ADRESSEN

1 PIAZZA DELLA SIGNORIA UND PONTE VECCHIO

1 DEL FAGIOLI

• Serviert wird eine typische florentinische Küche.
• Probieren Sie *finocchiona* (Fenchelwurst) und *bistecca* (T-Bone-Steak)!
Corso dei Tintori 47 | Mo–Fr 12.30–14.30, 19.30–22.30 Uhr | Reserv. empf. ✆ 05244285

2 YELLOW BAR

• Die Nudeln sind frisch und hausgemacht. Die *taglioni al pomodoro* (mit Tomatensoße) der herzlichen Gastgeber sind immer einen Besuch wert.
Via del Proconsolo 39r | Di–So 12–15.30, 18.30–23.30 Uhr

3 NOTE DI VINO

»Von der Terrasse bestaune ich Santa Croce, während ich einen Wein der Toskana mit *schiacciata al tartufo* (Focaccia mit Trüffel) genieße.«
Borgo dei Greci 4–6r | tgl. 11–22 Uhr

4 CAFFÈ RIVOIRE

• Cappuccino am Morgen oder Negroni (ein aus Florenz stammender Cocktail) am Abend.
• Preise entsprechend dieser legendären Adresse.
Piazza della Signoria | Di–So 7.30–23.30 Uhr

5 GELATERIA DEI NERI

»Eine Institution in der Stadt. Ich liebe die leckeren Geschmacksrichtungen, wie *caramello*, das man gut mit einem Sorbet kombinieren kann.«
Via dei Neri 9–11r | Di–So 11–24 Uhr

6 GELATERIA VIVOLI

• Seit 1930 werden in vierter Generation handwerklich erstklassige Eissorten angeboten.
• Probieren Sie das Haselnusseis, es ist köstlich!
Via Isola delle Stinche 7r | Di–Sa 8.30–20, So ab 9.30 Uhr

TOUR 1

FLORENZ AUSGEHEN

1 PIAZZA DELLA SIGNORIA UND PONTE VECCHIO

7 SANTO STEFANO AL PONTE

- Für Liebhaber von Opern und klassischer Musik.
- Der Kirchenbau aus dem 12. Jh. bildet die perfekte Kulisse für die großen italienischen Meister.

Piazza di Santo Stefano | www.santostefanoalponte.it

8 LA TERRAZZA

- Rooftop-Bar mit phänomenaler Aussicht auf die Stadt – die Preise sind entsprechend.
- Mixen Sie Ihren eigenen Negroni-Cocktail!

Viccolo dell'Oro 6, Hotel Continentale | tgl. 12.30–22 Uhr (Bild)

9 THE BLOB CLUB

- Ein Dancefloor im Herzen von Florenz.
- Themenabende und erstklassige Cocktails – der ideale Mix, um florentinische Nächte zu feiern.

Via Vinegia 21r | Di–So 21–2.30 Uhr

10 TEATRO GIUSEPPE VERDI

- Größtes Theater der Toskana im italienischen Stil.
- Wichtige Bühne für das lokale Kulturleben.
- Theaterstücke, Musicals, Konzerte und Opern.

Via Ghibellina 99r | www.teatroverdifirenze.it

TOUR 1

FLORENZ 2 DUOMO, SANTA MARIA NOVELLA, S. MARCO

Von der Kathedrale Santa Maria del Fiore, dem Epizentrum von Florenz, bis hin zu den Stadtvierteln San Marco und Santa Maria Novella – unser Spaziergang verspricht viele Überraschungen. Die Domkuppel ist ein absolutes Muss!

HIGHLIGHTS

- A Duomo, Battistero, Museo dell'Opera di Santa Maria del Fiore
- B Santa Maria Novella
- C Officina Santa Maria Novella
- D Convento e Museo di San Marco
- E Galleria dell'Accademia
- F Selbst ein Eis herstellen

RESTAURANTS

- 1 Mercato Centrale
- 2 Mario
- 3 Obicà Mozzarella Bar
- 4 Simbiosi

BARS UND EISDIELEN

- 5 Enoteca Alessi
- 6 Alinari Cafè
- 7 Bar San Pancrazio
- 8 Antica gelateria fiorentina
- 9 Caffetteria delle Oblate

EINKAUFEN

- 10 Officina Santa Maria Novella
- 11 Eataly
- 12 Procacci
- 13 Luisa Via Roma
- 14 Digerolamo

MEINE LIEBLINGSADRESSEN IN FLORENZ

FLORENZ BESICHTIGUNG & AKTIVITÄTEN

2 DUOMO, SANTA MARIA NOVELLA, SAN MARCO

A DUOMO – BATTISTERO MUSEO DELL'OPERA DI SANTA MARIA DEL FIORE

Piazza del Duomo | Dom Eintritt frei, Kuppel Reserv. erforderlich, Campanile, Battistero, Museum Eintritt

Das religiöse Zentrum von Florenz! Der **Dom**, der eigentlich Cattedrale Santa Maria del Fiore heißt, wurde 1436 geweiht. Arnolfo di Cambio und Giotto, der den **Glockenturm** *(campanile)* entwarf, leiteten die Arbeiten an dieser riesigen Kirche (150 m langes Schiff). Der architektonische Geniestreich gelang Filippo Brunelleschi mit seiner eiförmigen **Kuppel**. Die Fresken mit Christus im Zentrum, die im 16. Jh. von Vasari und Zuccari gestaltet wurden, sind von erhabener Schönheit. Das imposante **Baptisterium** *(battistero San Giovanni)* beeindruckt durch seine Größe, seine achteckige Form und seine mit Basreliefs verzierten Bronzetüren von Andrea Pisano und Lorenzo Ghiberti.

B SANTA MARIA NOVELLA

Piazza Sta. Maria Novella | Eintritt

Die geometrischen Muster der Kirchenfassade stehen im Kontrast zum Innenraum, der Fresken von Lippi und Ghirlandaio sowie ein Kreuz von Giotto birgt. Besuchen Sie auch den Kreuzgang.

C OFFICINA SANTA MARIA NOVELLA

Via della Scala 16 | Eintritt frei

Eine der ältesten **Apotheken** der Welt, gegründet im 17. Jh. Lassen Sie sich in diesem antiquierten Dekor zum Kauf einer Granatapfelseife *(melograno)* oder eines Eau de Cologne verführen.

D CONVENTO E MUSEO SAN MARCO

Piazza San Marco 1/3 | Eintritt

Das Dominikanerkloster beherbergt Meisterwerke von **Fra Angelico**, darunter die *Verkündigung Mariä*. Ebenfalls sehenswert ist das *Letzte Abendmahl* von **Ghirlandaio** im Refektorium.

E GALLERIA DELL'ACCADEMIA

Via Ricasoli 60 | Eintritt | Reserv.

Michelangelos *David* thront unter der Kuppel des Museums. Hier finden sich auch weitere Skulpturen des Meisters und viele andere Werke der florentinischen Kunst vom 13. Jh. bis zur Renaissance.

F SELBST EIN EIS HERSTELLEN

Via Faenza 2a | Eintritt

Die **Antica Gelateria Fiorentina** teilt mit Ihnen die Geheimnisse der Eisherstellung, die hier zur wahren Kunst erhoben wurde. Eine wirklich schöne Idee! www.gelateriafiorentina.com

 Die jeweiligen Öffnungszeiten finden Sie im Register ab S. 150.

FLORENZ RESTAURANTS

2 DUOMO, SANTA MARIA NOVELLA, SAN MARCO

1 MERCATO CENTRALE

»Meine Streetfood-Empfehlung, die sich ganz der regionalen Gastronomie widmet. Für ein schnelles Mittagessen an einem Ort mit sehr viel Flair.«
Piazza del Mercato Centrale | tgl. 10–24 Uhr (Bild)

2 MARIO

- Nur wenige Schritte vom Mercato Centrale, authentische Küche.
- Jeden Tag auf der Speisekarte: *bistecca alla fiorentina* (Steak).

Via Rosina 2r | Mo–Mi 12–15, tgl. 19–23 Uhr

3 OBICÀ MOZZARELLA BAR

- Der Mozzarella-Tempel von Florenz *(mozza di buffala, burrata etc.)*.
- *Arancini* (Reisbällchen), Wildschweinsalami ...

Via de' Tornabuoni 16 | Mo–Fr 12–16, 18.30–23, Sa, So 12–23 Uhr | Aperitivo 18–20 Uhr

4 SIMBIOSI

- Zwei Eingänge: Nr. 56, zur Pizzeria, Nr. 58–60, zum Restaurant.
- Hier steht bio ganz im Mittelpunkt.

Via de' Ginori 56–60r | tgl. 12.30–15, 19–23.30, Pizzeria 12–23 Uhr

FLORENZ BARS UND EISDIELEN

2 DUOMO, SANTA MARIA NOVELLA, SAN MARCO

5 ENOTECA ALESSI

• Eine Weinbar seit 1952.
• Chianti, Vino Nobile di Montepulciano, Brunello di Montalcino ..., dazu *crostini*, *bruschette* und diverse *antipasti*.
Via delle Oche 27–31r | Mo–Mi, Fr, Sa 11–19.30 Uhr

6 ALINARI CAFÈ

• Machen Sie es wie die Florentiner und trinken Sie einen Espresso an der Bar.
• Spezialität ist das Toast *pancetta, uova e formaggio* (Schinken, Ei, Käse).
Largo Fratelli Alinari 28 | tgl. 6–20 Uhr

7 BAR SAN PANCRAZIO

• Die Terrasse dieser einfachen Bar liegt auf einem kleinen Platz gegenüber der Kirche San Pancrazio.
• Ob Spritz oder *panino*, alles ist ausgezeichnet!
Via della Spada 37 | Mo–Sa 7–20 Uhr

8 ANTICA GELATERIA FIORENTINA

• Die Geschmacksrichtungen hängen von der Jahreszeit ab. Lassen Sie sich von Honig-Zimt oder Kokosnuss verführen!
• Großzügige Portionen, hervorragende Qualität.
Via Faenza 2a | tgl. 12–22 Uhr

9 CAFFETTERIA DELLE OBLATE

»Gehen Sie durch die Bibliothek, um im 2. Stock die Terrasse mit Blick auf die Domkuppel zu entdecken. Mein geheimes Versteck für einen *aperitivo*.«
Via dell'Oriuolo 26 | Di–Sa 9–24 Uhr

TOUR 1

FLORENZ EINKAUFEN

2 DUOMO, SANTA MARIA NOVELLA, SAN MARCO

10 OFFICINA SANTA MARIA NOVELLA

• Die 400 Jahre alte Apotheke bietet noch heute einige ihrer ursprünglichen Produkte an.
• Interessanter Laden.
Officina Profumo-Farmaceutica di Santa Maria Novella | Via della Scala 16 | tgl. 10–20 Uhr

11 EATALY

• Riesiger Concept Store, der ganz der italienischen Gastronomie gewidmet ist.
• Die meisten Produkte sind bio bzw. Slow Food.
• Man kann vor Ort essen.
Via de' Martelli 22r | tgl. 10–22.30 Uhr

12 PROCACCI

• Willkommen bei den Profis für *tartuffo* (Trüffel).
• *Pecorino* (Käse aus Schafsmilch), Olivenöl, Butter … Alles wird mit Trüffel verfeinert.
Via de' Tornabuoni 64 | Mo–Sa 10–21 Uhr

13 LUISA VIA ROMA

• Tempel der Luxusmode.
• Dieser Shop war einst ein Hutgeschäft, das in den 1930ern von Luisa Jaquin betrieben wurde.
Via Roma 19–21 | tgl. 10.30–19.30 Uhr | www.luisaviaroma.com

14 DIGEROLAMO

• Die Qualität des Leders fällt sofort ins Auge, ebenso wie seine hervorragende Verarbeitung.
• Taschen mit vielen Fransen und Zöpfen aus einem edlen Material.
Via del Moro 58r

FLORENZ 3 OLTRARNO, DAS ANDERE ARNO-UFER

Überqueren Sie den Fluss, steigen Sie die Anhöhe hinauf und genießen Sie das Panorama vom Piazzale Michelangelo, vom Giardino Bardini oder von der Kirche San Miniato al Monte.

SEHENSWERTES

- A Palazzo Pitti
- B Basilica Santo Spirito
- C Cappella Brancacci
- D Giardino Bardini
- E San Miniato al Monte
- F Piazzale Michelangelo

RESTAURANTS, EISDIELEN, AUSGEHEN

1. Le Volpi e l'Uva
2. Trattoria Giovanni
3. Trattoria 4 Leoni
4. I Raddi di Santo Spirito
5. Caffè degli Artigiani
6. Gelateria della Passera
7. Ditta Artigianale
8. Easy Living
9. Il Papiro
10. Ceri Vintage
11. Ditta Marchiani Augusto
12. Laudato
13. PopCafé
14. Volume

TOUR 1

Basilica
to Spirito
Borgo San Jacopo
V. d. Sprone
V. dei Velluttini
PONTE VECCHIO
PIAZZA DEI ROSSI
PIAZZA SANTO SPIRITO
Via Maggio
PIAZZA DE'PITTI
PIAZZA DI SAN FELICE
Palazzo Pitti
Meridiana
Forte di Belvedere
Giardino di Boboli
300 m
PIAZZA DE'GIUDICI
PIAZZA MENTANA
PIAZZA DI SANTA MARIA SOPRARNO
Lungarno Torrigiani
Via de' Bardi
PONTE ALLE GRAZIE
Lungarno delle Grazie
Lungarno della Zecca Vecchia
Santa Croce
Via Tripoli
Viale della Giovine
Arno
Lungarno Serristori
PIAZZA DEMIDOFF
Via dei Renai
Via di S. Niccol
PIAZZA G. POGGI
Lungarno Benvenuto
Giardino Bardini
SAN NICCOLÒ
PIAZZALE MICHELANGELO
Viale Michelangelo
San Salvadore al Monte
San Miniato al Monte

FLORENZ BESICHTIGUNG

3 OLTRARNO, DAS ANDERE ARNO-UFER

A PALAZZO PITTI

Piazza de' Pitti 1 | Eintritt | Reserv. empf.

Die 200 m lange Fassade ist beeindruckend. Dieser Palast aus dem 15. Jh. gehörte der Familie Pitti, reichen Bankiers und Rivalen der Medici, bevor die Medici hier ihre **königlichen Gemächer** einrichteten. Heute beherbergt der Bau nicht weniger als fünf Museen (Mode, Porzellan usw.), darunter die berühmte **Galleria Palatina**. Raffael, Tizian, Tintoretto und Caravaggio sind ebenso zu sehen wie Rubens und Van Dyck.

B BASILICA SANTO SPIRITO

Piazza Santo Spirito | Eintritt frei

Hinter dem nüchternen Äußeren verbergen sich drei Schiffe mit harmonischen Proportionen, die **Brunelleschi** am Herzen lagen. Verpassen Sie nicht den meisterhaften Christus von **Michelangelo**.

C CAPPELLA BRANCACCI

Piazza del Carmine 14 | Eintritt

Die **Fresken** in dieser Kapelle sind das Werk von Masolino, Lippi und vor allem des jungen **Masaccio**. Die Themen der Erbsünde und des Lebens des hl. Petrus werden kunstvoll zum Ausdruck gebracht.

D GIARDINO BARDINI

Via de' Bardi 1r | Eintritt

Dieser historische Garten lockt mit einem der schönsten Panoramablicke auf Florenz und das Arno-Tal. Eine Glyzinienpergola, Rosengärten und antike Statuen machen den Parkbesuch zum Erlebnis.

E SAN MINIATO AL MONTE

Via Monte alle Croci | Eintritt frei

Sehr gut erhaltene romanische Kirche, die sich durch den Reichtum der verwendeten Materialien (weißer und grüner Marmor, Mosaiken) auszeichnet. Der herrliche Ausblick rundet den Spaziergang ab.

F PIAZZALE MICHELANGELO

Das Arno-Tal und die Kuppel des Doms mit den Bergen des Apennin im Hintergrund. Kommen Sie am Ende des Tages, um zu erleben, wie die Sonne die Dächer der Stadt ins goldene Abendlicht taucht.

 Die jeweiligen Öffnungszeiten finden Sie im Register ab S. 150.

TOUR
1

FLORENZ RESTAURANTS UND BARS

3 OLTRARNO, DAS ANDERE ARNO-UFER

1 LE VOLPI E L'UVA

- Von Liebhabern geführte *enoteca* (Weinstube) auf einem hübschen Platz.
- Zum Wein gibt es Wurst- und Käseplatten oder *crostini* mit Asiago-Käse.

Piazza dei Rossi 1r | tgl. 12–21 Uhr

2 TRATTORIA GIOVANNI

- Traditionelles Restaurant, freundlicher Service.
- Kosten Sie *tortellacci al cavolo nero e pecorino* (Pasta mit toskanischem Kohl und Pecorino).

Via Sant'Agostino 38r | Mo–Sa 12–14.30, 19–22.30 Uhr

3 TRATTORIA 4 LEONI

- Angenehme Terrasse an einem netten kleinen Platz.
- Im Winter warme Antipasti, im Sommer leckere Salate. Toller Käsekuchen mit Mascarpone!

Via de'Vellutini 1r | tgl. 12–15, 19–24 Uhr

4 I RADDI DI SANTO SPIRITO

»Beißen Sie in ein *panino al lampredotto* (Sandwich mit Kutteln), um die Aromen von Florenz zu schmecken. Ein beliebtes Lokal an einem ruhigen Platz.«

Via dei Michelozzi 19 | tgl. 10–2 Uhr

5 CAFFÈ DEGLI ARTIGIANI

- Einige bunte Tische belegen die kleine Terrasse in einer engen Gasse.
- Der ideale Ort für einen *aperitivo* oder ein *panino prosciutto-mozzarella*.

Via dello Sprone 16r | tgl. 8–1 Uhr

6 GELATERIA DELLA PASSERA

- Selbst hergestelltes saisonales Eis. Testen Sie das Sorbet *carezza* (Kamille, Honig und Mandelmilch).
- Eine beliebte Adresse der Florentiner.

Via Toscanella 15r | Di–So 12–22.30 Uhr

7 DITTA ARTIGIANALE

- Hier ist der Kaffee eine wahre Kunst.
- *Ristretto*, *caffè latte*, Cappuccino: für jede Tageszeit der passende Kaffee!
- Snacks zum Mitnehmen.

Via dello Sprone 5r | Mo–Fr 18–22, Sa, So 9.30–24 Uhr

8 EASY LIVING

- Schöne Taverne, und die Füße im Wasser (oder fast)!
- Genießen Sie das *vitello tonnato* (Kalbfleisch in Thunfischsoße) oder *paccheri con polpo* (Oktopus).

Piazza Giuseppe Poggi | Mai–Okt.

TOUR 1

FLORENZ EINKAUFEN UND AUSGEHEN

3 OLTRARNO, DAS ANDERE ARNO-UFER

9 IL PAPIRO

- Eine Adresse für Nostalgiker, die sich auf ihren Schulanfang besinnen.
- Marmorierter Druck auf Notizbüchern und Schreibheften, Stifte etc.

Via Guicciardini 47r | tgl. 10.30–13.30, 14–19 Uhr

10 CERI VINTAGE

- Ein Eldorado für Liebhaber von Vintage-Mode.
- Im Sortiment findet sich auch originale Industrie- und Militärbekleidung vom Ende des 19. bis zur Mitte des 20. Jhs.

Via dei Serragli 26r

11 DITTA MARCHIANI AUGUSTO

- Groß und Klein werden diesen Laden, in dessen Mittelpunkt die Figur Pinocchio steht, lieben.
- Die Holzarbeiten sind bemerkenswert.

Via di Santo Spirito 16r | tgl. 10–19.30 Uhr

12 LAUDATO

- Ledersandalen in allen Farben und Formen bis zum Abwinken.
- Hier wird noch viel Wert auf das handwerkliche Können gelegt.

Via Santa Monaca 17r | tgl. 10–19.30 Uhr

13 POPCAFÉ

- Trendige Florentiner lieben diese Bar zu jeder Tages- und Nachtzeit.
- Die Terrasse ist perfekt für einen *aperitivo* oder einen längeren Abend.

Piazza Santo Spirito 18r | tgl. 8–2 Uhr

14 VOLUME

- Café, Museum und Buchhandlung in einem.
- Man isst, trinkt und plaudert in einer gemütlichen Atmosphäre.

Piazza Santo Spirito 5r | Mo–Fr 8–1, Sa, So 8.30–1.30 Uhr (Bild)

TOUR
1

AREZZO

MEISTERWERKE DER ABENDLÄNDISCHEN KUNST

- **Auto: 80 km südöstl. von Florenz (1 Std.), Parcheggio Pietri kostenlos; Zugang zur Stadt über Rolltreppen**
- **Bahn: 50 Min.**
- **Für die Fresken in San Francesco ist eine Reservierung erforderlich.**

BASILICA SAN FRANCESCO

Piazza San Francesco | Eintritt | für die Fresken Reserv. erforderlich

Hinter der schlichten Fassade dieser gotischen Kirche aus dem 14. Jh. verbergen sich die berühmten Fresken von **Piero della Francesca**. In der Bacci-Kapelle wird die *Legende des wahren Kreuzes* erzählt. Dieser 1452 bis 1459 entstandene Freskenzyklus zeichnet sich durch seine Modernität aus. Die starren Gesichter der Figuren sowie das besondere Licht beschwören eine einzigartige Feierlichkeit herauf. www.pierodellafrancesca.it

PIAZZA GRANDE

Der abschüssige Platz, umringt von Palästen aus Gotik und Renaissance, ist das **Epizentrum** der Stadt. Hier fährt auch Roberto Benigni in seinem Film *Das Leben ist schön* mit dem Fahrrad umher.

SANTA MARIA DELLA PIEVE

Corso Italia 7

Einzigartige **Kirche**, die den romanisch-pisanischen Stil neu interpretiert. Die unzähligen Säulen, der Glockenturm mit 40 Öffnungen und die Skulpturen, die das Portal schmücken, prägen dieses Ensemble.

LA TORRE DI GNICCHE

»Mein Tipp: Bestellen Sie *trippe alla fiorentina* und ein Glas Wein, während Sie den Blick über die großartige Piazza Grande schweifen lassen.«

Piaggia San Martino 8 | Do–Di 12–15, 19–1 Uhr

TOUR 1

Porta S. Clemente
Via San Domenico
Via Guido Tarlati
Viale Dovizi
Bernardo
V. A. Nardi
Via della Chimera
Viale Perennio
Porta S. Lorentino
Via S. Lorentino
Casa Vasari
Museo d'Arte medievale e moderna
Via Garibaldi
Via XX Settembre
Via Chiassaia
San Domenico
PIAZZA SAN DOMENICO
Pietri
Rolltreppe
Via Pietramala
Via Mad. Laura
Piaggia di Murello
Cattedrale dei Santi Pietro e Donato
Via del Saracino
Palazzo comunale
P. DELLA LIBERTÀ
Via dei Pileati
Casa Petrarca
Passeggio del Prato
Palazzo Pretorio
Bernardo
Via Leone Leoni
Viale
Castro
Via Porta Buia
FLORENZ (80 km)
Museo civico d'Arte mod. e cont.
Via Casalpino
Cavour
PIAZZA DEL POPOLO
Basilica San Francesco
Santa Maria della Pieve
PIAZZA GRANDE
Piaggia S. Martino
Fortezza Medicea
Viale Bruno Buozzi
Via Pellicceria
Via Pescaia
Via Mazzini
Corso Italia
Via Petrarca
Viale Piero della Francesca
Via Fra Guittone
Guido Monaco
Via del Prato
PIAZZA GUIDO MONACO
Via Garibaldi
V. Oberdan Guglielmo
Via Mannini
Borgo S. Croce
Via Fontanella
PIAZZA S. AGOSTINO
PIAZZA S. GEMIGNANO
V. Roma
V. S. Petraccolo
Via della Madonna del Prato
Via Garibaldi
Via P. Aretino
PIAZZA S. GIUSTO
Via Trento e Trieste
PIAZZA DELLA REPUBBLICA
Bahnhof
Via Francesco Crispi
Corso Italia
Viale Michelangelo
Museo archeologico Mecenate
Anfiteatro romano
Guadagnoli
Via Luca Signorelli
Viale Cittadini
Via Alberti
Veneto
Vittorio
Viale Giotto
Via Ristoro d'Arezzo
200 m

VON FLORENZ NACH PISA

- **115 km (2.20 Std. reine Fahrzeit)**
- **Planen Sie für Pistoia einen Aufenthalt von 1-2 Std. ein**

PISTOIA

Mittelalterliche Stadt

Die Stadt erstreckt sich am Fuß des Apennin. Spektakulär ist die **Piazza del Duomo**, die von einem harmonischen Ensemble mittelalterlicher Gebäude gesäumt wird. Die romanische **Cattedrale di San Zeno** beeindruckt mit ihrem Campanile und der zweifarbigen Fassade. Im Inneren ist der Altar von San Jacopo, ein Juwel der Goldschmiedekunst, besonders sehenswert. Schlendern Sie dann einfach durch die Gassen der schmucken Altstadt.

LA BOTTE GAIA

Pistoia

- Traditionelle Trattoria, die die Slow-Food-Bewegung hochhält.
- Die Spezialität des Hauses: *maccheroni* mit Entenragout.

Via del Lastrone 17 | Di–So 12–15, 19–23 Uhr

MONTECATINI TERME

Thermalbad

Liebhaber von Bergdörfern können mit einer Standseilbahn aus dem 19. Jh. nach Montecatini Alto fahren. Oder man bleibt im Tal und trinkt einen *aperitivo* in den Tettuccio-Thermen.

CERTOSA DI PISA

Calci | Eintritt

Eine der größten Klosteranlagen Italiens, gegründet im 14. Jh. Der monumentale Gebäudekomplex, der heute das **Naturkundemuseum** von Pisa beherbergt, erhebt sich inmitten der grünen Natur.

 Die jeweiligen Öffnungszeiten finden Sie im Register ab S. 150.

TOUR 1
Montecatini Terme
Pistoia
Collodi
Pescia
Prato
Lucca
Fiesole
Florenz
Vinci
Certosa di Pisa
San Miniato
CHIANTI
Greve in Chianti
Certaldo
Radda in Chianti
Castellina in Chianti
San Gimignano
Volterra
Monteriggioni
Siena
Massa Marittima
(Firenze-Mare)
S 12
S 435
A 11
S 3
S 439
S 67
S 2
A 1 E 35
A 1
S 222
S 429
P 1
A 12
S 1
S 68
S 441
S 223
0
10
20 km

ETAPPE 2 PISA

Man kann der Versuchung für ein Selfie vor dem Schiefen Turm auf dem »Platz der Wunder« kaum widerstehen. Auch die Altstadt hat ihren Charme, ebenso das romantische Ufer des Arno.

Auto: Das Zentrum ist für den Verkehr gesperrt (ZTL).
Parken (kostenlos): (10 Min. vom Zentrum) Via Pietrasanta, Via Paparelli und Via di Pratale
Parken (kostenpflichtig): Piazza dei Miracoli, Palazzo dei Congressi
Tourist-Info: Piazza del Duomo 7, www.turismo.pisa.it
Reservierung dringend empfohlen: Für die Torre di Pisa und für den Dom; der Zugang zum Museumsschalter ist begrenzt. www.opapisa.it

SEHENSWERTES

- A Piazza dei Miracoli
- B Torre di Pisa
- C Duomo
- D Battistero
- E Camposanto
- F Piazza dei Cavalieri
- G Arno-Ufer

ADRESSEN

1. I Porci Comodi
2. Di Qua d'Arno
3. Numeroundici
4. Ost. dei Cavalieri
5. Vineria di Piazza
6. Caffè dell'Ussero
7. Bar Mocambo
8. Gelat. de' Coltelli
9. Bottega del Gelato

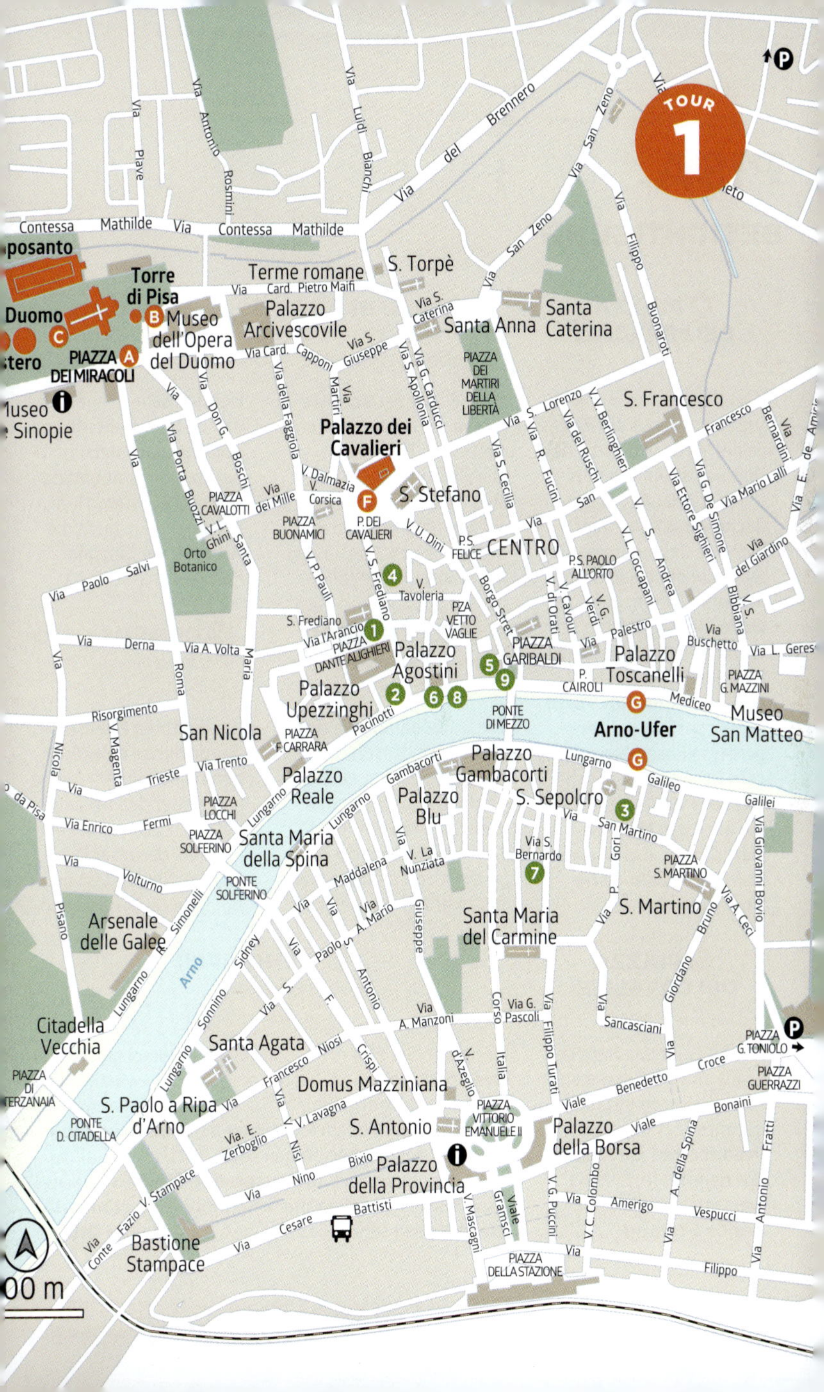
TOUR 1
Via del Brennero
Via Contessa Mathilde
Terme romane
S. Torpè
Palazzo Arcivescovile
Santa Anna
Santa Caterina
Torre di Pisa
Duomo
Museo dell'Opera del Duomo
PIAZZA DEI MIRACOLI
Sinopie
PIAZZA DEI MARTIRI DELLA LIBERTÀ
S. Francesco
Palazzo dei Cavalieri
S. Stefano
P. DEI CAVALIERI
PIAZZA CAVALOTTI
PIAZZA BUONAMICI
Orto Botanico
CENTRO
P.S. FELICE
P.S. PAOLO ALL'ORTO
S. Frediano
PIAZZA DANTE ALIGHIERI
PZA VETTO VAGLIE
PIAZZA GARIBALDI
Palazzo Agostini
Palazzo Toscanelli
PIAZZA G. MAZZINI
P. CAIROLI
Palazzo Upezzinghi
PONTE DI MEZZO
Arno-Ufer
Museo San Matteo
San Nicola
PIAZZA F. CARRARA
Palazzo Reale
Palazzo Gambacorti
S. Sepolcro
Palazzo Blu
PIAZZA LOCCHI
PIAZZA SOLFERINO
Santa Maria della Spina
PONTE SOLFERINO
PIAZZA S. MARTINO
S. Martino
Arsenale delle Galee
Santa Maria del Carmine
Arno
Citadella Vecchia
Santa Agata
PIAZZA DI TERZANAIA
Domus Mazziniana
PIAZZA G. TONIOLO
PIAZZA GUERRAZZI
S. Paolo a Ripa d'Arno
PONTE D. CITADELLA
S. Antonio
PIAZZA VITTORIO EMANUELE II
Palazzo della Borsa
Palazzo della Provincia
Bastione Stampace
PIAZZA DELLA STAZIONE
00 m

PISA

BESICHTIGUNG

A PIAZZA DEI MIRACOLI

Was für eine Harmonie! Die Ankunft auf der Piazza dei Miracoli (Piazza del Duomo) ist ein Erlebnis. Diese weitläufige Rasenfläche vereint vier monumentale Gebäude, die als Symbole der pisanischen Romanik gelten: den **Dom**, das **Baptisterium**, den **Camposanto** (Friedhof) und den berühmten **Schiefen Turm**. Dieses perfekt in Szene gesetzte Ensemble zeugt vom Reichtum der Stadt seit dem 10. Jh. Besuchen Sie auch das **Museo dell'Opera del Duomo** und das **Museo delle Sinopie** nebenan.

B TORRE DI PISA

Piazza del Duomo | Eintritt | Reserv. dringend empf.

Der 58 m hohe **Schiefe Turm**, das Wahrzeichen der Stadt, fasziniert. Bereits fünf Jahre nach Beginn der Bauarbeiten im Jahr 1173 begann er, sich zu neigen. Eine unendliche Geschichte! *(Bild)*

C DUOMO

Piazza del Duomo Eintritt | Reserv. empf.

Harmonische Proportionen und ein einheitlicher Stil kennzeichnen die Kathedrale Santa Maria Assunta aus dem 11. Jh. Verpassen Sie nicht die **Kanzel**, die Giovanni Pisano geschaffen hat.

D BATTISTERO

Piazza dei Miracoli | Eintritt

Dieses Gebäude aus weißem Marmor ist beeindruckend. Es hat einen Umfang von 110 m und eine 55 m hohe Kuppel. Der Bau wurde 1153 begonnen und dauerte mehr als zwei Jahrhunderte.

E CAMPOSANTO

Piazza del Duomo | Eintritt

Um die Toten zu ehren, wurde dieser **Friedhof** bereits im Jahr 1277 angelegt. Unter den Arkaden befinden sich Gräber und Fresken, darunter *Der Triumph des Todes* von Buonamico Buffalmacco.

F PIAZZA DEI CAVALIERI

Der Platz ist das Herz der Stadt und wird von mehreren Palästen gesäumt, darunter der imposante **Palazzo dei Cavalieri** aus dem 16. Jh. Sehenswert ist auch die Kirche **Santo Stefano**.

G ARNO-UFER

Promenade

Verlassen Sie Pisa nicht, ohne einen Bummel am Ufer des Arno zu machen. Auf der rechten Seite westlich der **Piazza Garibaldi** können Sie Terrakotta-Palazzi aus dem 14. Jh. bewundern, darunter den **Palazzo Agostini** mit seinem berühmten Caffè dell'Ussero. Auf der Ostseite präsentiert das **Museo San Matteo** toskanische Kunst. Am linken Ufer ist die Kirche **Santa Maria della Spina** sehenswert, ebenso der **Palazzo Blu**.

 Die jeweiligen Öffnungszeiten finden Sie im Register ab S. 150.

TOUR
1

PISA

RESTAURANTS

1 I PORCI COMODI

»Diese beliebte Adresse suche ich auf, wenn ich Lust auf ein *lampredotto* (Sandwich mit Kutteln) oder ein *panino* mit Speck aus Colonnata habe.«
Via l'Arancio 4 | tgl. 10.30–22.30 Uhr

2 DI QUA D'ARNO

• Einige Tische im Freien mit Blick auf den Arno.
• Tagesgerichte, die schnell serviert werden. Im Sommer leckerer *insalata di baccalà* (mit Kabeljau).
Lungarno Pacinotti 35 | Mo–Sa 10–1 Uhr

3 NUMEROUNDICI

• Schätze der toskanischen Küche wie das Pastagericht *testaroli al pesto* mit Walnüssen.
• Große Holztische, sympathische Atmosphäre.
Via San Martino 47 | Mo–Sa 12–15, Sa 19–22 Uhr

4 OSTERIA DEI CAVALIERI

»Ein Slow-Food-Erlebnis! Besonders die *pappardelle* mit Hasenragout hinterließen unvergessliche Erinnerungen.«
Via San Frediano 16 | Mo–Sa 12.30–14, 19.45–22 Uhr, Sa nur abends

5 VINERIA DI PIAZZA

»Der Platz ist eine kleine Oase der Ruhe. Einfache, aber exquisite Küche: Nudeln mit Pesto aus Lucca-Oliven.«
Piazza delle Vettovaglie 13 | Do–Sa 12–15, 19–23, So–Mi 19–23 Uhr

6 CAFFÈ DELL'USSERO

• Eine Institution in Pisa seit dem Jahr 1775, die im noblen Palazzo Agostini untergebracht ist.
• Kaffeegenuss mit Blick auf den Fluss Arno.
Lungarno Pacinotti 27 | Mo–Sa 8–21.30 Uhr

7 BAR MOCAMBO

• Hier werden Cocktails gemischt, vor allem auf Rum-Basis (es gibt zehn Mojito-Variationen).
• In der Nähe der hübschen Piazza Gambacorti.
Via San Bernardo 29 | tgl. 18–1 Uhr

8 GELATERIA DE' COLTELLI

• Erstaunliche Eissorten zum Probieren am Ufer.
• Bestellen Sie *oro di Pisa*: goldenes Eis aus Pinienkernen und Pinienharz.
Lungarno Pacinotti 23 | Mo–Fr 11.30–22.30, Sa, So bis 23.30 Uhr

9 LA BOTTEGA DEL GELATO

• Sorbet, Eis, Granita, gefüllte Früchte – hier ist für jeden etwas dabei.
• Probieren Sie z. B. die Sorten Pistazie-Stracciatella oder Schoko-Rum!
Piazza Garibaldi 11 | tgl. 11–20 Uhr

TOUR
1

LUCCA

EIN ARCHITEKTONISCHES KLEINOD

- **20 km nordöstl. von Pisa (30 Min.)**
- **Parken Sie Ihr Auto auf einem der vielen kostenpflichtigen Parkplätze außerhalb der Stadtmauern.**
- **Bahnanbindung**

DUOMO DI SAN MARTINO

Piazza San Martino | Eintritt

Die Fassade aus weißem Marmor ist typisch für die **pisanische Romanik** des 11. Jhs. mit einem von drei Galerien überragten Portal. Verpassen Sie nicht die hölzerne Christusfigur *Volto Santo*.

PIAZZA DELL'ANFITEATRO

Angelegt auf dem Gelände einer **römischen Arena**, was an der elliptischen Form noch gut zu erkennen ist. Arkaden unter ockerfarbenen Häusern säumen den schönsten Platz der Stadt.

 Die jeweiligen Öffnungszeiten finden Sie im Register ab S. 150.

SAN MICHELE IN FORO

Piazza San Michele | Eintritt frei

Der Giebel dieser Kirche beeindruckt durch seine vier Säulenreihen und die Feinheit der dargestellten Szenen. Genießen Sie die **Piazza San Michele** und kehren Sie dort in eines der Terrassencafés ein.

SPAZIERGANG AUF DER STADTMAUER

Die 4,2 km lange Stadtmauer wurde im 19. Jh. so umgestaltet, dass man sie zu Fuß umrunden kann. Von dort oben genießt man einen herrlichen Blick auf Lucca und die Apuanischen Alpen.

GELATERIA DE' COLTELLI

»Hier wird das Eis aus frischen Früchten hergestellt, das ist etwas Besonderes. Ich kann es zu jeder Jahreszeit empfehlen.«

Via San Paolino 10 | So–Do 11.30–23.30, Fr, Sa bis 0.30 Uhr

TAGESAUSFLUG VON PISA

MEER, MARMOR UND ALPEN

ÜBER VIAREGGIO UND BARGA, EINE TOUR ZWISCHEN BERGEN UND MEER DURCH WENIG BEKANNTES TERRAIN

- **Rundtour von 200 km (4 Std. reine Fahrzeit)**
- **Achtung: Zwischen Carrara und Colonnata und weiter nach Barga fährt man auf engen und gewundenen Bergstraßen.**

VIAREGGIO

Badeort der 1920er-Jahre (Bild)

Der von Jugendstilgebäuden gesäumte **Lido** weckt Erinnerungen an die mondänen Badeorte des ausgehenden 19. Jhs. Nehmen Sie sich Zeit für einen Cappuccino im **Gran Caffè Margherita** unter den Majolika-Kuppeln. Die Strandpromenade ist typisch italienisch: eine Aneinanderreihung von Privatstränden. Viareggio ist aber auch für seinen bunten **Karnevalsumzug** und das **Museum für zeitgenössische Kunst** (GAMC) bekannt.

CARRARA

Die Stadt des Marmors

Der Marmor ist weltbekannt. Besuchen Sie auch den **Dom** und das **Museo del Marmo**. Exkursionen zu den Steinbrüchen organisieren marmotour.com, cava177.com oder cavedimarmotours.com.

COLONNATA

Das Speck-Dorf

Fahren Sie in das Bergdorf Colonnata, um den berühmten gleichnamigen **Speck** zu probieren. Er wird mit Kräutern und Gewürzen in Marmorbecken eingelegt und zergeht geradezu auf der Zunge.

BARGA

Bergdorf

Lust auf eine Gebirgslandschaft mit dichter und wilder Natur? Die Region **Garfagnana** im Herzen der Apuanischen Alpen gewährt eine andere Sicht auf die Toskana. **Barga**, eine kleine, am Hang gelegene mittelalterliche Stadt, ist mit ihren verwinkelten Gassen sehr authentisch. Für Höhlenfans ist die ca. 20 km entfernte Tropfsteinhöhle **Grotta del Vento** ein Muss: majestätische Stalagmiten und Stalaktiten, Flüsse, kleine Seen ...

TOUR 1
GARFAGNANA
Cava dei poeti
Castelnuovo di Garfagnana
Parco naturale regionale delle Alpi Apuane
Carrara
Colonnata
Barga
Gallicano
Grotta del Vento
Fornovolasco
Massa
P 1
Bagni di Lucca
S 1
Borgo a Mozzano (Ponte del diavolo)
Forte dei Marmi
Pietrasanta
A 12 E 80
S 12
Camaiore
Capezzano Pianore
S. Martino in Freddana
Ponte a Moriano
S 439
Lido di Camaiore
Villa Torrigiani
A 11-12
Viareggio
Massarosa
S 439
Lucca
R 435
Torre del Lago
A 11 E 76
A 11 E 76
S 12
S 12r
S 439
Parco naturale Migliarino San Rossore Massaciuccoli
S. Giuliano Terme
Tre Colli
A 12 E 80
Calci
Pisa
Ulivato Terme
Vicopisano
Marina di Pisa
S 67
Cascina
S 206
5
10 km

VON PISA NACH SIENA

- **120 km (2.15 Std. reine Fahrzeit)**
- **Planen Sie für Volterra einen Aufenthalt von mindestens 2 Std. ein. Ausführlichere Beschreibung im Chianti-Kapitel auf S. 100.**

BASILICA DI SAN PIERO A GRADO

Via Vecchia di Marina

Die Basilika aus dem 11. Jh. ist ein Muss für alle, die der pisanischen Romanik verfallen sind. Die äußerlich nüchterne Kirche verbirgt schöne **Fresken** aus dem 14. Jh., die das Leben des hl. Petrus darstellen.

CONVENTO DI SAN VIVALDO

Montaione

Dieses Franziskanerkloster (15. Jh.) verfügt über eine Kirche und **34 Kapellen**, die über den Wald verstreut sind. In Anlehnung an die heiligen Stätten wird es auch das »Jerusalem der Toskana« genannt.

BALZE

Vor Volterra sollten Sie einen Zwischenstopp einlegen, um die Balze zu erleben, spektakuläre **Erosionsschluchten**. Das Kloster, das sich an den Berg klammert, überragt diese Szenerie.

VOLTERRA

Hier scheint die Zeit stehengeblieben zu sein. Diese durch und durch mittelalterliche Stadt thront auf dem Gipfel eines Hügels und ist von einer Stadtmauer umgeben. Schlendern Sie durch die gewundenen Gassen, verweilen Sie auf der von hohen Palazzi gesäumten **Piazza dei Priori**, genießen Sie den Blick auf die umliegende Landschaft und vertiefen Sie Ihr Wissen über die etruskische Zivilisation im **Museo Etrusco Guarnacci**.

L'INCONTRO

Volterra

- Eine authentische italienische Bar, die bei Einheimischen sehr beliebt ist.
- Bestellen Sie zu Ihrem Glas Wein doch eine leckere *bruschetta*.

Via Matteotti 18 | Do–Di 7–24 Uhr

TOUR 1
Pistoia
Collodi
Pescia
Prato
Montecatini
Lucca
Fiesole
Florenz
Vinci
Pisa
Pontedera
San Miniato
silica di
n Piero
Grado
CHIANTI
Greve
in Chianti
VAL
D'ELSA
Certaldo
Convento di
San Vivaldo
Livorno
Castellina
in Chianti
San Gimignano
Balze
Monteriggioni
Volterra
Siena
San Galgano
LIGURISCHES MEER
ETRUSKISCHE
RIVIERA
Massa Marittima
Populonia
0 10 20 km

ETAPPE 3 SIENA

Es ist kaum möglich, nicht dem Charme dieser Stadt zu verfallen, in der Meisterwerke der gotischen Architektur von alten mittelalterlichen Gebäuden gesäumt werden. Und nach Sonnenuntergang ist der Zauber noch lange nicht zu Ende …

Auto: Das Zentrum ist für den Verkehr gesperrt (ZTL).
Parken: Je näher man dem Zentrum kommt, desto teurer werden die Parkgelegenheiten. Parkplätze findet man vor den Toren der Stadt, am Bahnhof und am Stadion sowie Duomo, Campo und San Caterina.
Tourist-Info: Piazza Duomo 1, www.terresiena.it
Eintritt: Kombitickets für Museo Civico und Santa Maria della Scala sowie Opa Si Pass für den Dom

SEHENSWERTES

- A Piazza del Campo
- B Palazzo Pubblico und Museo Civico
- C Pinacoteca
- D Santa Maria della Scala
- E Duomo – Museo – Battistero

RESTAURANTS

1. Taverna di San Giuseppe
2. Osteria da Divo
3. Antica Trattoria Papei
4. Pizzeria Poppi Ivano

EISDIELEN UND LEBENSMITTEL

5. Gelateria GROM
6. La Vecchia Latteria
7. Antica Drogheria Manganelli
8. Consorzio Agrario di Siena
9. Dolce Siena

AUSGEHEN

10. Liberamente Osteria
11. Key Largo
12. Bar SaporDivino

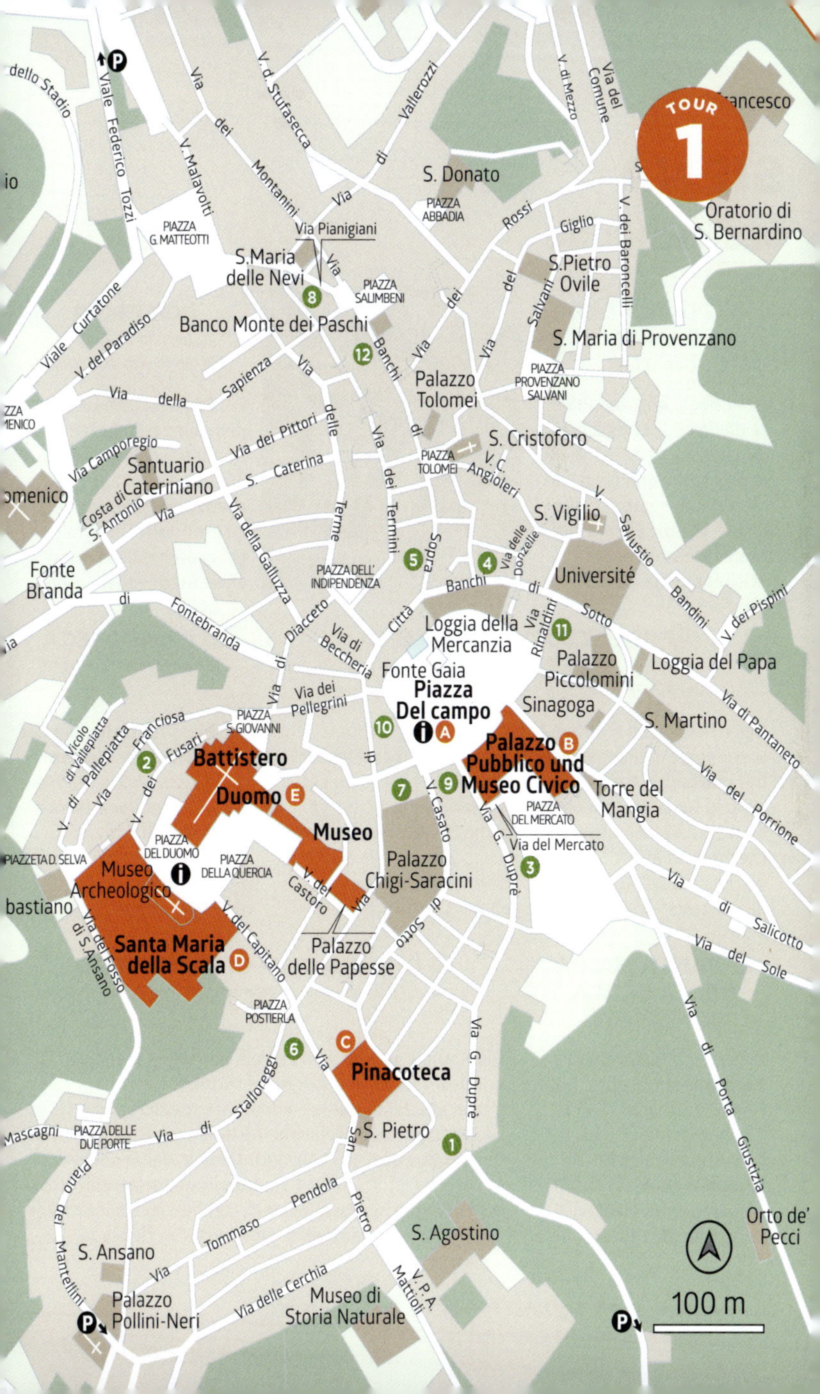

TOUR 1
S. Donato
PIAZZA ABBADIA
Via Pianigiani
S.Maria delle Nevi
PIAZZA SALIMBENI
PIAZZA G. MATTEOTTI
Banco Monte dei Paschi
S.Pietro Ovile
S. Maria di Provenzano
Oratorio di S. Bernardino
PIAZZA PROVENZANO SALVANI
Palazzo Tolomei
S. Cristoforo
PIAZZA TOLOMEI
Santuario Cateriniano
S. Vigilio
Université
PIAZZA DELL' INDIPENDENZA
Fonte Branda
Loggia della Mercanzia
Fonte Gaia
Piazza Del campo
Palazzo Piccolomini
Loggia del Papa
Sinagoga
S. Martino
PIAZZA S. GIOVANNI
Battistero
Duomo
Museo
Palazzo Pubblico und Museo Civico
Torre del Mangia
PIAZZA DEL MERCATO
Via del Mercato
PIAZZA DEL DUOMO
PIAZZA DELLA QUERCIA
PIAZZETA D. SELVA
Museo Archeologico
Palazzo Chigi-Saracini
Santa Maria della Scala
Palazzo delle Papesse
PIAZZA POSTIERLA
Pinacoteca
PIAZZA DELLE DUE PORTE
S. Pietro
S. Agostino
Orto de' Pecci
S. Ansano
Palazzo Pollini-Neri
Museo di Storia Naturale
100 m

SIENA

BESICHTIGUNG

Ⓐ PIAZZA DEL CAMPO

Eintritt frei

Einer der schönsten Plätze der Welt. Er besticht durch seine verschiedenen Rottöne und fasziniert durch seine schiefe Ebene, die die Form eines Amphitheaters nachzeichnet. Majestätisch!

DER PALIO

2. Juli und 16. August auf der Piazza del Campo

Ein **Pferderennen**, bei dem alles erlaubt ist! Drei Runden auf dem Campo, um den Sieger aus zehn ***contrade*** (Stadtvierteln) zu ermitteln. Dann folgt ein rauschendes Fest in einer Stadt voller Farben.

Ⓑ PALAZZO PUBBLICO UND MUSEO CIVICO

Piazza del Campo 1 | Eintritt, Kombiticket

Der schlanke, über 100 m hohe Turm, die schlichte, leicht geschwungene Fassade und die warmen Farben: Der **gotische Palast** aus dem 13. und 14. Jh. diente als Vorbild für viele andere in der Toskana. Er beherbergt heute die Gemeindeverwaltung und das **Stadtmuseum**. Die Fresken in der *Sala del Concistoro* sowie die Meisterwerke im Saal *Mappamondo* vereinen das Beste, was die sienesische Kunst hervorgebracht hat.

Ⓒ PINACOTECA

Via San Pietro 29 | Eintritt

Ein Muss für Liebhaber der **sienesischen Malerei** des 13. bis 17. Jhs. Ein Meisterwerk der Renaissance reiht sich an das andere, darunter die *Madonna der Franziskaner* von Duccio di Buoninsegna.

Ⓓ SANTA MARIA DELLA SCALA

Piazza del Campo 1

Eines der ältesten **Krankenhäuser** Europas. Das Hospiz wurde im 11. und 12. Jh. gegründet und ist erstaunlich groß. Die **Fresken** im Pellegrinaio erzählen vom Krankenhausleben des 15. Jhs.

Ⓔ DUOMO, MUSEO, BATTISTERO

Piazza del Duomo | Eintritt, Kombiticket Opa Si Pass (Bild)

Die Kathedrale von Siena ist ein absolutes Highlight. Sie wurde im 12. Jh. von Zisterziensermönchen erbaut und immer wieder erweitert, sodass sie sowohl romanische wie auch gotische Stilelemente aufweist. Bewundern Sie den **Fußboden** aus Marmorintarsien, der in der Welt einzigartig ist. Auch die **Fresken** im Baptisterium und in der Krypta sind sehenswert. Das Museum beherbergt Duccios erhabene *Maestà*, ein Meisterwerk des 14. Jhs.

 Die jeweiligen Öffnungszeiten finden Sie im Register ab S. 150.

SIENA

RESTAURANTS

1 TAVERNA DI SAN GIUSEPPE

»Als Fan von *tartuffo fresco* (frischer Trüffel), der bestens zu Pasta passt, bin ich eine treue Besucherin dieses Lokals.«

Via Giovanni Duprè 132 | Mo–Sa 12–14.30, 19–22 Uhr

2 OSTERIA DA DIVO

- Toskanische Küche mit guten saisonalen Produkten. Tipp: das Risotto mit Steinpilzen *(porcini)*.
- Gemütliche Atmosphäre unter Backsteingewölbe.

Via Franciosa 25–29 | Mi–Mo 12–14.30, 19–22.30 Uhr

3 ANTICA TRATTORIA PAPEI

- Seit 1939 mit typisch toskanischer Küche.
- Spezialität des Hauses: *fettunta calda con lardo di colonnata* (mit Speck aus Colonnata).

Via del Mercato 6 | tgl. 12–22.30 Uhr

4 PIZZERIA POPPI

- Eine Adresse in der Nachbarschaft zu günstigen Preisen. Für den Hunger zwischendurch.
- Der Klassiker *prosciutto-mozzarella* ist himmlisch.

Via Banchi di Sotto 25 | Mo–Sa 10–15, 16.30–20.30 Uhr

SIENA

EISDIELEN UND FEINKOST

5 GELATERIA GROM

• Eine große Auswahl an Speiseeis und Sorbets gibt es in diesem Geschäft der italienischen Kette GROM.
• Jede Jahreszeit hat ihre speziellen Aromen.
Via Banchi di Sopra 11–13 | tgl. 11–23, Sa bis 24 Uhr

6 LA VECCHIA LATTERIA

• Die Auswahl dieser Eisdiele ist nicht groß, aber mit Pistazie *(pistacchio)* oder Haselnuss *(nocciola)* liegen Sie goldrichtig.
• Beliebt bei Einheimischen.
Via San Pietro 10 | tgl. 12–20 Uhr

7 ANTICA DROGHERIA MANGANELLI

»Ob *panforte*, Feigenmarmelade oder bestes Olivenöl ... Seit dem Jahr 1879 ist der Laden eine echte Hochburg für Feinschmecker.«
Via di Città 71–73 | tgl. 9.30–19.30 Uhr

8 CONSORZIO AGRARIO DI SIENA

• Der genossenschaftlich geführte Lebensmittelladen fördert gezielt Produkte und Produzenten aus der Region.
• Garantierte Qualität.
Via Pianigiani 5–9 | tgl. 8–20 Uhr

9 DOLCE SIENA

• Feinkostladen mit den hochwertigen Produkten der toskanischen Küche: Salami, Olivenöl, *panforte*.
• Aber auch wunderbare Weine (z. B. Chianti).
Piazza del Campo 3–4 | tgl. 9–19.30 Uhr (Bild)

TOUR
1

SIENA

AUSGEHEN

10 LIBERAMENTE OSTERIA

»Für den *aperitivo* lasse ich es mir nicht nehmen, mich auf der Terrasse dieser Bar auf der Piazza del Campo niederzulassen, um einen *Marcellino* (mit Prosecco) zu genießen.«
Il Campo 27 | Mi–So 10–24 Uhr

11 KEY LARGO

- Herrlicher Blick von der Balkonterrasse auf die Piazza del Campo.
- Der *aperitivo* mit einem Glas gut gekühltem Vernaccia (lokaler Weißwein) ist eine wahre Freude.

Via Rinaldini 17 | tgl. 8–1 Uhr

12 BAR SAPORDIVINO

- Luxuriöse Entspannungspause in einem Palast aus dem 17. Jh.
- Im Erdgeschoss des Grand Hotel Continental.

Via Banchi di Sopra 85 | tgl. 12.30–14.30, 19.30–22.30 Uhr (Bild)

TOUR
1

SAN GIMIGNANO

EINE WUNDERBARE REISE IN DIE VERGANGENHEIT

- **45 km nordwestl. von Siena**
- **Auto: Zentrum gesperrt, Parkgebühr (Giubileo, Montemaggio, Bagnaia)**
- **Tourist-Info: Piazza del Duomo 1**

PIAZZA DEL DUOMO, COLLEGIATA SANTA MARIA ASSUNTA

Duomo Eintritt

Der Platz ist von Palästen und Türmen umringt, dominiert von der **Collegiata Santa Maria Assunta** (Dom) aus dem 12. Jh. Hinter der romanischen Fassade verbergen sich herrliche Fresken der Sieneser Schule, die das Alte und Neue Testament illustrieren. Die **14 Türme** (es waren mal 72!) zeugen vom einstigen Reichtum der Stadt. Von der Piazza können Sie zur **Rocca** hinaufgehen. Ein atemberaubender Ausblick ist garantiert!

PALAZZO DEL POPOLO

Piazza del Duomo 2

Der mittelalterliche Palast wird vom höchsten Turm der Stadt (54 m), der **Torre Grossa**, gekrönt. Steigen Sie hinauf, um die Aussicht zu genießen! Das **Museo Civico** zeigt wunderschöne Fresken.

PIAZZA DELLA CISTERNA

Der fast dreieckige Platz mit einem Brunnen in der Mitte wird von schlichten mittelalterlichen Häusern und Türmen gesäumt. Trinken Sie ein Glas **Vernaccia** (lokaler Weißwein) auf einer der Terrassen.

LA MANGIATOIA

»Meine stille Vorfreude? Eine Mahlzeit im Restaurant Mangiatoia. Das *filetto di cervo e porcini* (Hirschfilet mit Steinpilzen) ist unübertroffen.«

Via Mainardi 5 | tgl. 12.30–14.30, 19.30–21.30 Uhr

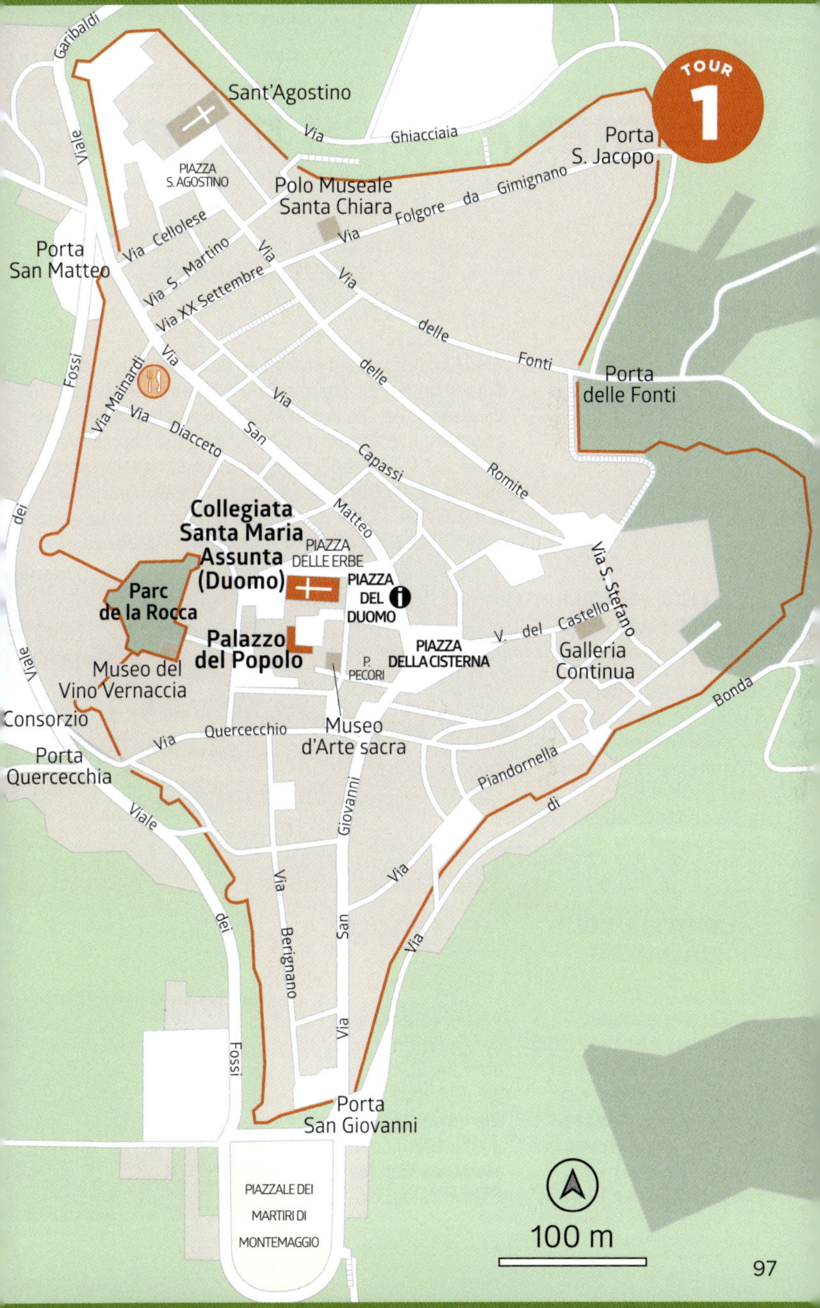
TOUR 1
Sant'Agostino
Via Ghiacciaia
Porta S. Jacopo
PIAZZA S. AGOSTINO
Polo Museale Santa Chiara
Via Folgore da Gimignano
Via Cellolese
Via S. Martino
Via XX Settembre
Porta San Matteo
Via delle Fonti
Porta delle Fonti
Viale Garibaldi
Viale dei Fossi
Via Mainardi
Via Diacceto
Via San Matteo
Via delle Romite
Via Capassi
Collegiata Santa Maria Assunta (Duomo)
PIAZZA DELLE ERBE
PIAZZA DEL DUOMO
Via S. Stefano
Parc de la Rocca
Palazzo del Popolo
V. del Castello
Galleria Continua
PIAZZA DELLA CISTERNA
P. PECORI
Museo del Vino Vernaccia
Consorzio
Via Quercecchio
Museo d'Arte sacra
Porta Quercecchia
Via Piandornella
Via di Bonda
Via Berignano
Via San Giovanni
Porta San Giovanni
PIAZZALE DEI MARTIRI DI MONTEMAGGIO
100 m

VON SIENA NACH FLORENZ

105 km (2.30 Std. reine Fahrzeit)

GREVE IN CHIANTI

Greve in Chianti liegt im Herzen des Weinbaugebiets Chianti und ist ein charmantes Städtchen, das typisch für die Gegend ist. Die von Arkaden gesäumte **Piazza Matteotti** eignet sich perfekt für eine Pause: Cappuccino oder ein Glas Chianti – die Zeit scheint hier stillzustehen. Der Markt am Samstagmorgen ist hingegen ein wahres Spektakel. Am Ende des Platzes spielt die neoklassizistische Kirche **Santa Croce** mit optischen Kontrasten.

ANTICA MACELLERIA FALORNI

Greve in Chianti

»Eine Metzgerei mit Bistro-Ecke am Hauptplatz von Greve, an der ich immer wieder wegen des delikaten Kalbstatars vorbeischaue.«

Piazza Matteotti 71 | tgl. 9–19.30 Uhr

CERTOSA DEL GALLUZZO

Das Kartäuserkloster (14. Jh.), das die Landschaft überragt, wird heute von Zisterziensern bewohnt. Die Fresken der **Pinakothek**, der große **Kreuzgang** und die gotische Kirche lohnen den Besuch.

FIESOLE

Als beliebter Ausflugsort der Florentiner dominiert die Stadt Fiesole die umliegenden Hügel. Die terrassenförmig angelegten Gärten der **Villa Medicea** sind für die Öffentlichkeit zugänglich.

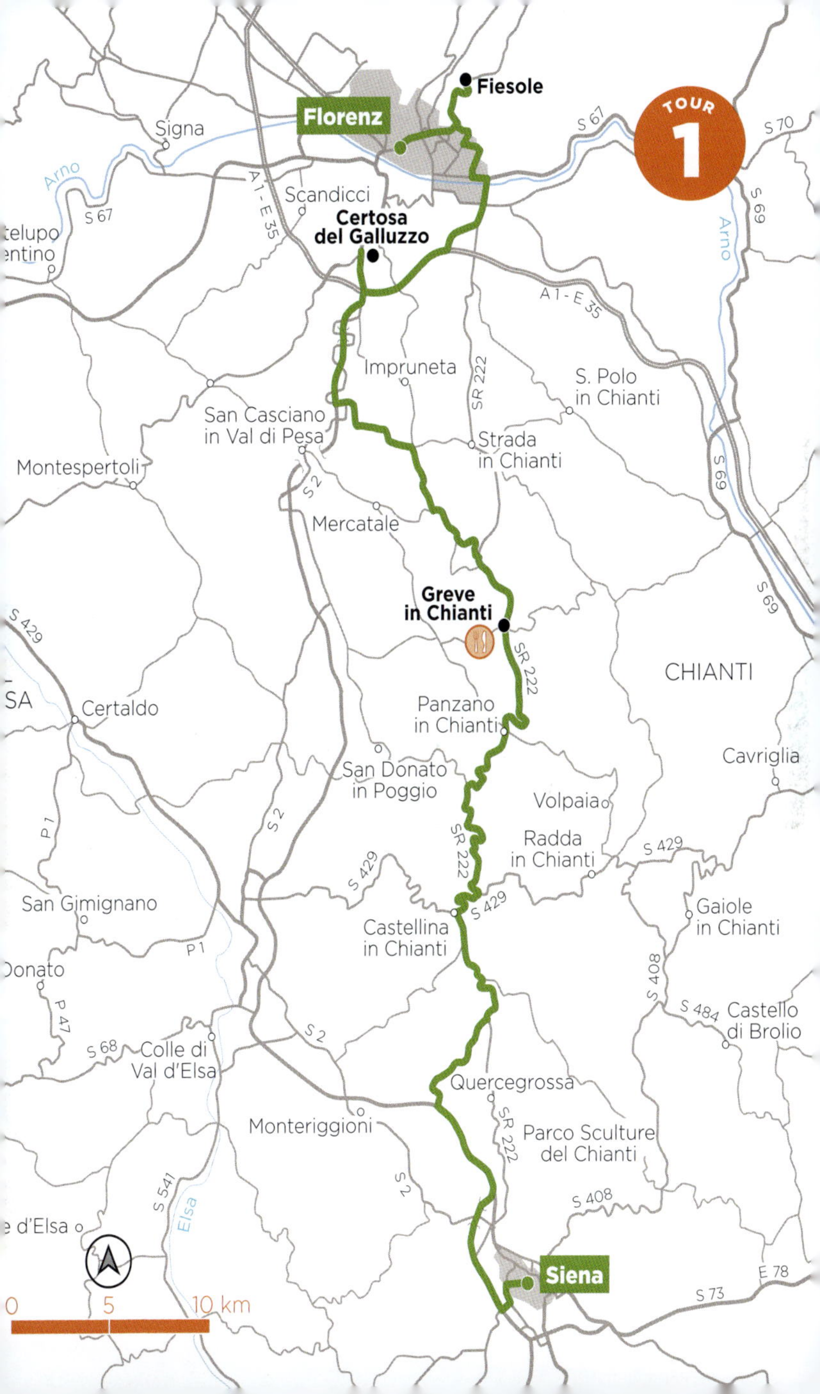

TOUR 1
Fiesole
Florenz
Signa
Arno
S 67
S 70
S 69
Scandicci
A 1 - E 35
Certosa del Galluzzo
telupo
entino
Impruneta
SR 222
S. Polo in Chianti
San Casciano in Val di Pesa
Strada in Chianti
Montespertoli
S 2
Mercatale
Greve in Chianti
S 429
Certaldo
SA
CHIANTI
Panzano in Chianti
Cavriglia
San Donato in Poggio
Volpaia
P 1
Radda in Chianti
San Gimignano
Castellina in Chianti
Gaiole in Chianti
Donato
P 47
S 68
Colle di Val d'Elsa
S 408
S 484
Castello di Brolio
Quercegrossa
Monteriggioni
Parco Sculture del Chianti
S 541
Elsa
e d'Elsa
Siena
E 78
S 73
0
5
10 km

CHIANTI

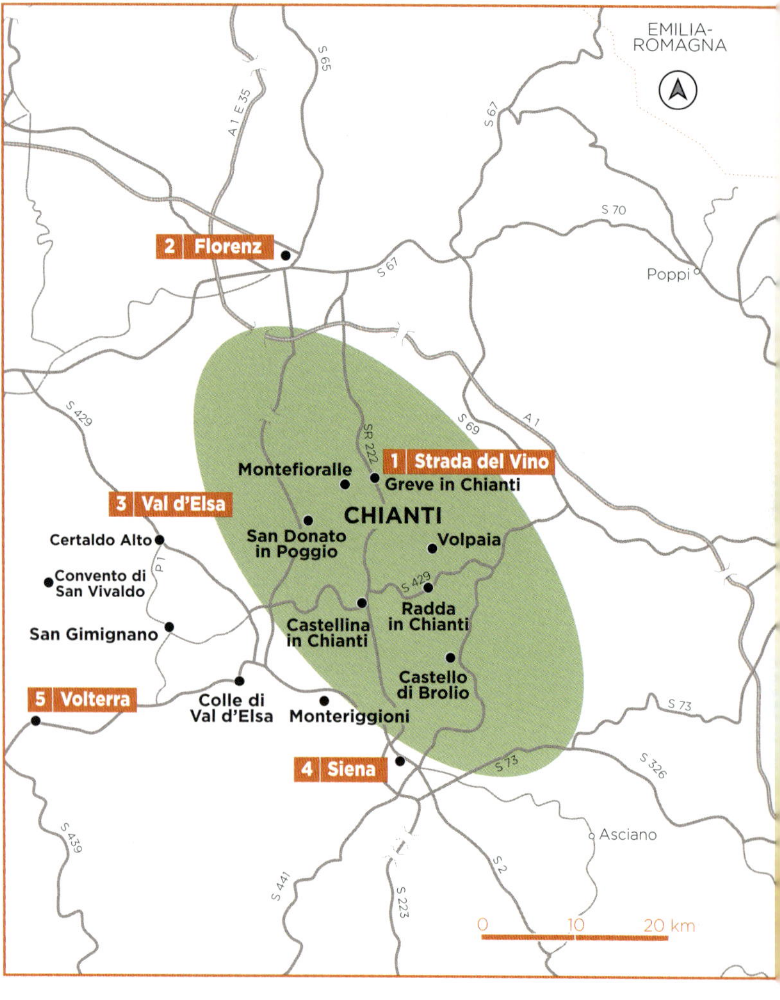
EMILIA-ROMAGNA
S 65
A 1 E 35
S 67
S 70
2 Florenz
S 67
Poppi
S 429
S 69
A 1
SR 222
1 Strada del Vino
Montefioralle
Greve in Chianti
3 Val d'Elsa
CHIANTI
Certaldo Alto
San Donato in Poggio
Volpaia
P 1
Convento di San Vivaldo
S 429
Radda in Chianti
Castellina in Chianti
San Gimignano
Castello di Brolio
5 Volterra
Colle di Val d'Elsa
Monteriggioni
S 73
4 Siena
S 73
S 326
Asciano
S 439
S 2
S 441
S 223
0
10
20 km

REISETIPP 1

Sie halten sich in der Chianti-Region auf? In diesem Kapitel schlagen wir Ihnen fünf ereignisreiche Tagesausflüge vor.

Starten Sie Ihr Navi und entdecken Sie faszinierende Städte und Bergdörfer inmitten prächtiger Kulturlandschaften.

1 Strada del Vino

Weinorte und Weinberge

2 Florenz

Die Hauptstadt der Kunst

3 Val d'Elsa

San Gimignano und andere Bergnester

4 Siena

Eine der schönsten Städte der Toskana

5 Volterra

Eine Zeitreise

STRADA DEL VINO

WANDERUNG ZWISCHEN DÖRFERN UND WEINBERGEN

- **Die Chianti-Region erstreckt sich von Florenz bis Siena. Die SR 222 schlängelt sich dort zwischen Weinbergen, Olivenhainen und Dörfern hindurch.**
- **www.stradachianticlassico.it**

DIE URSPRÜNGE DES WEINANBAUS

Die ersten Weinberge wurden von den Etruskern im 6. und 7. Jh. v. Chr. angelegt. Später kultivierten auch die Römer Trauben in der Toskana. Vom Mittelalter bis ins 17. Jh. war das zwischen den beiden Städten gelegene Chianti-Gebiet Schauplatz ständiger Auseinandersetzungen zwischen Florenz und Siena. Die Rivalität ist noch immer spürbar, so unterscheidet man etwa den florentinischen Chianti vom sienesischen Chianti.

WO KAUFT MAN DEN WEIN?

Viele Weingüter mit dem Schild *vendita diretta* bieten die Möglichkeit, Wein zu verkosten und zu kaufen. Antinori (www.antinori.it) in San Casciano in Val di Pesa überrascht mit hochmoderner Architektur. Oder Sie entscheiden sich für einen kleinen Bioweinbetrieb wie Podere Val delle Corti (www.valdellecorti.it) in Radda in Chianti. Die Enoteca Falorni (www.enotecafalorni.it) in Greve bietet ebenfalls eine gute Auswahl an Weinen zur Verkostung an.

CHIANTI CLASSICO

Dies ist der historische Chianti, auf dessen Etikett der berühmte *gallo nero* (ein schwarzer Hahn) zu sehen ist. Er hat die Bezeichnung DOCG und besteht zu 80–90 % aus der Rebsorte Sangiovese.

A GREVE IN CHIANTI

Im Zentrum der Strada del Vino

Die **Piazza Matteotti** mit ihren Arkadengängen hat einen ganz besonderen Charme – ein guter Ort für eine kleine Pause. Am Ende der Piazza erhebt sich die neoklassizistische Kirche **Santa Croce**.

1 ENOTECA RISTORANTE GALLO NERO

»Das im Holzofen gegrillte Fleisch wird von hervorragenden Weinen begleitet. Ein wunderbarer Ort für ein Essen mit Freunden!«

Greve in Chianti | Via Cesare Battisti 9 | Fr–Mi 12–15, 18.30–22 Uhr

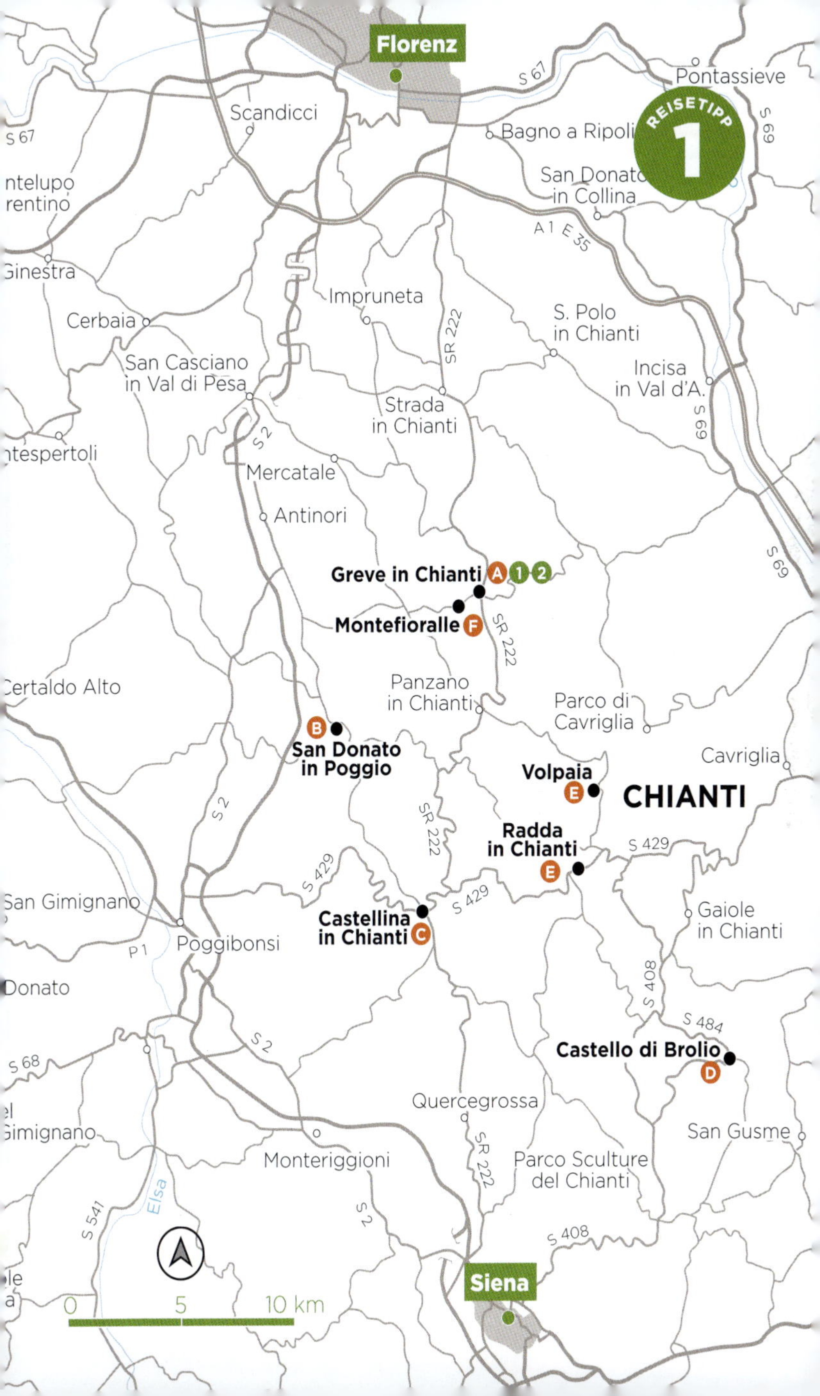
Florenz
Reisetipp 1
Pontassieve
S 67
Scandicci
Bagno a Ripoli
S 69
ntelupo
rentino
San Donato
in Collina
A 1 E 35
Ginestra
Impruneta
SR 222
S. Polo
in Chianti
Cerbaia
San Casciano
in Val di Pesa
Incisa
in Val d'A.
Strada
in Chianti
S 2
ntespertoli
Mercatale
Antinori
Greve in Chianti A 1 2
Montefioralle F
Panzano
in Chianti
Certaldo Alto
Parco di
Cavriglia
B
San Donato
in Poggio
Cavriglia
Volpaia E
CHIANTI
Radda
in Chianti E
S 429
San Gimignano
Castellina
in Chianti C
Gaiole
in Chianti
P 1
Poggibonsi
Donato
S 408
S 484
S 68
Castello di Brolio D
Quercegrossa
Gimignano
San Gusme
Monteriggioni
Parco Sculture
del Chianti
S 541
Elsa
Siena
0
5
10 km

STRADA DEL VINO

WANDERUNG ZWISCHEN DÖRFERN UND WEINBERGEN

2 ANTICA MACELLERIA FALORNI

Greve in Chianti

»Eine Metzgerei mit Bistro-Ecke am Hauptplatz von Greve, an der ich immer wieder wegen des delikaten Kalbstatars vorbeischaue.«

Piazza Matteotti 71 | tgl. 9–19.30 Uhr

B SAN DONATO IN POGGIO

Bilderbuchdorf

Gepflasterte Gassen, gewölbte Türen, eine romanische Kirche mit zinnenbewehrtem Turm, dazu die Stadtmauer. Das weithin sichtbare Mittelalterdorf überragt die umliegende Landschaft.

C CASTELLINA IN CHIANTI

Befestigte Stadt

Weinberge, Olivenhaine und Zypressenreihen, so weit das Auge reicht, umgeben dieses Städtchen. Im Schatten der tunnelartigen Gewölbe der Via delle Volte lässt es sich gut leben.

D CASTELLO DI BROLIO

Schloss in Familienbesitz

Dieses Schloss ist seit 1141 im Besitz einer einzigen Familie. Die grauen Mauern stehen im Kontrast zu dem rosafarbenen Gebäude aus dem 19. Jh. Besichtigung und Verkostung. www.ricasoli.it

E RADDA IN CHIANTI UND VOLPAIA

Mittelalterliche Dörfer

Ein weiteres befestigtes Dorf auf einem Hügel. Besuchen Sie die hübsche Piazza Ferrucci mit dem Palazzo Comunale und der Kirche San Niccolò. Auch der Weiler Volpaia ist einen Besuch wert.

F MONTEFIORALLE

Berdorf

Eines der schönsten Dörfer des Landes – Stadtmauern, Türme, gewölbte Durchgänge und gepflasterte Straßen. Ein interessantes Relikt ist die kreisrunde Straße, die durch den Ort führt.

 Die jeweiligen Öffnungszeiten finden Sie im Register ab S. 150.

REISETIPP
1

FLORENZ

DIE HERAUSFORDERUNG: DIE KUNSTMETROPOLE AN EINEM TAG ERKUNDEN

- **Im Voraus: Reservieren Sie sich ein Ticket für die Uffizien, um die Warteschlange zu umgehen und Ihren Tag besser zu planen.**
- **Auto: Das Zentrum ist für den Verkehr gesperrt (ZTL). Gebührenpflichtige Parkplätze finden sich am Rand der Altstadt: Parcheggio Parterre (Piazza della Libertà) oder Parcheggio Stazione Santa Maria Novella. Parcheggio Michelangelo ist kostenlos.**
- **Der Spaziergang führt von Norden über den Arno nach Süden.**

A PIAZZA DEL DUOMO

Das religiöse Zentrum

Hier schlägt das religiöse Herz von Florenz. Der **Dom** (Cattedrale di Santa Maria del Fiore) und der Campanile beeindrucken mit ihrer imposanten Fassade aus weißem und grünem Marmor. Der 1436 geweihte Dom wurde von Brunelleschi mit seiner berühmten Kuppel gekrönt. Verpassen Sie keinesfalls das zauberhafte achteckige **Battistero San Giovanni** mit seinen vergoldeten Bronzeportalen von Andrea Pisano und Lorenzo Ghiberti.

1 CAFFÈ RIVOIRE

Cappuccino-Pause

- Genießen Sie in diesem historischen Café ihren Cappuccino am Morgen!
- Hervorragende Adresse, um diesen wunderbaren Platz zu bestaunen.

Piazza della Signoria | Di–So 7.30–23.30 Uhr

B PIAZZA DELLA SIGNORIA

Das politische Zentrum

Das einstige Zentrum der florentinischen Macht mit Neptunbrunnen und Palazzo Vecchio. In der Loggia dei Lanzi (Loggia della Signoria) sind einige Meisterwerke der Renaissance zu bewundern.

C GALLERIA DEGLI UFFIZI (UFFIZIEN)

Piazzale degli Uffizi 6 | Eintritt | Reserv. empf.

Zweifellos eine der bedeutendsten Kunstsammlungen der Welt mit unschätzbaren Meisterwerken der Renaissance, beispielsweise von Botticelli oder Michelangelo. Botticellis *Der Frühling* und *Die Geburt der Venus* faszinieren immer wieder aufs Neue. Lassen Sie sich aber auch von Filippo Lippis *Krönung der Jungfrau Maria* und den Werken von Fra Angelico, Leonardo da Vinci, Raffael oder Caravaggio verzaubern.

 Die jeweiligen Öffnungszeiten finden Sie im Register ab S. 150.

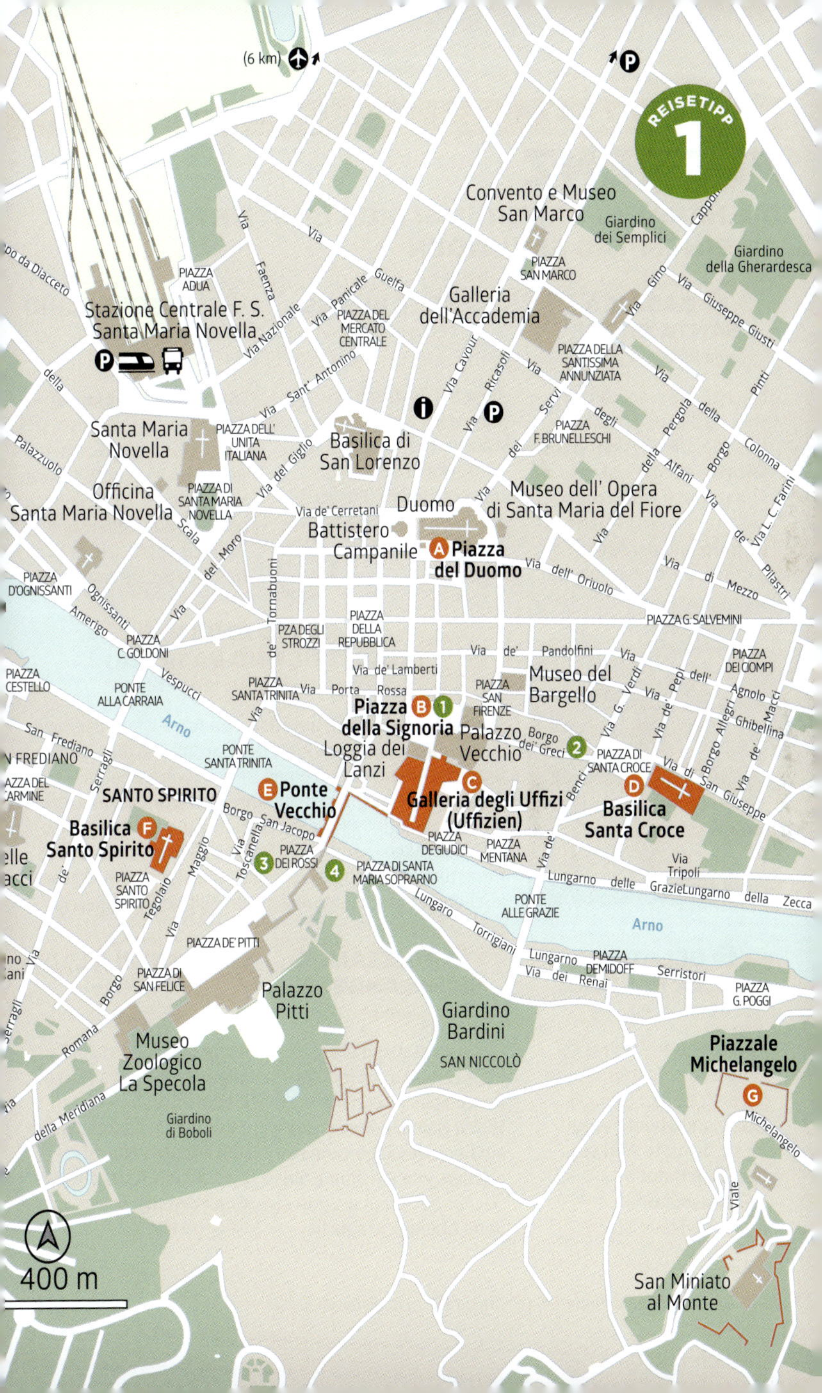

REISETIPP 1
(6 km)
Convento e Museo San Marco
Giardino dei Semplici
Giardino della Gherardesca
PIAZZA SAN MARCO
Galleria dell'Accademia
PIAZZA DELLA SANTISSIMA ANNUNZIATA
Stazione Centrale F. S. Santa Maria Novella
PIAZZA ADUA
PIAZZA DEL MERCATO CENTRALE
Santa Maria Novella
PIAZZA DELL' UNITÀ ITALIANA
Basilica di San Lorenzo
PIAZZA F. BRUNELLESCHI
Officina Santa Maria Novella
PIAZZA DI SANTA MARIA NOVELLA
Museo dell' Opera di Santa Maria del Fiore
Duomo
Battistero
Campanile
A Piazza del Duomo
PIAZZA D'OGNISSANTI
PIAZZA C. GOLDONI
PZA DEGLI STROZZI
PIAZZA DELLA REPUBBLICA
PIAZZA G. SALVEMINI
PIAZZA DEI CIOMPI
PIAZZA CESTELLO
PONTE ALLA CARRAIA
PIAZZA SANTA TRINITA
Museo del Bargello
PIAZZA SAN FIRENZE
B 1 Piazza della Signoria
Palazzo Vecchio
Loggia dei Lanzi
2
PIAZZA DI SANTA CROCE
PONTE SANTA TRINITA
E Ponte Vecchio
C Galleria degli Uffizi (Uffizien)
D Basilica Santa Croce
SANTO SPIRITO
F Basilica Santo Spirito
PIAZZA SANTO SPIRITO
3 PIAZZA DEI ROSSI
4 PIAZZA DI SANTA MARIA SOPRARNO
PIAZZA DE' GIUDICI
PIAZZA MENTANA
PONTE ALLE GRAZIE
Arno
PIAZZA DE' PITTI
PIAZZA DI SAN FELICE
Palazzo Pitti
PIAZZA DEMIDOFF
PIAZZA G. POGGI
Giardino Bardini
SAN NICCOLÒ
Museo Zoologico La Specola
Giardino di Boboli
Piazzale Michelangelo
G
San Miniato al Monte
400 m

CHIANTI | TAG 2

FLORENZ

DIE HERAUSFORDERUNG: DIE KUNSTMETROPOLE AN EINEM TAG ERKUNDEN

D BASILICA SANTA CROCE

Largo Bargellini | Eintritt

Machen Sie einen Abstecher zu dieser gotischen Basilika. Die Fresken von **Giotto**, der gekreuzigte Christus von **Donatello**, das Grabmal von **Michelangelo** und der Kreuzgang sind atemberaubend.

2 NOTE DI VINO

Mittagspause

»Von der Terrasse bestaune ich Santa Croce, während ich einen Wein der Toskana mit *schiacciata al tartufo* (Focaccia mit Trüffel) genieße.«

Borgo dei Greci 4/6r | tgl. 11–22 Uhr

E PONTE VECCHIO

Fotoshooting

Die älteste **Brücke** der Stadt (14. Jh.), die als einzige von den Bombenangriffen im Jahr 1944 verschont blieb. Ursprünglich wurden hier Lebensmittel gehandelt, seit 1593 beherbergt sie Juweliere.

F SANTO SPIRITO (STADTTEIL UND BASILIKA)

Piazza Santo Spirito | Eintritt

Auch das Stadtviertel am südlichen Arno-Ufer hat einiges zu bieten. Der Palazzo Pitti, der Bardini-Garten und die Brancacci-Kapelle sind einen Besuch wert, aber diese Gegend überrascht auch mit ihrer florentinischen Lebendigkeit. Hier gibt es Ateliers neben gut besuchten Bars an pittoresken Plätzen. Die Basilika Santo Spirito ist das Herzstück des Viertels – eine der schönsten Renaissancekirchen der Stadt, entworfen von Filippo Brunelleschi.

3 GELATERIA DELLA PASSERA

Süße Verführung

- Selbst hergestelltes saisonales Eis. Testen Sie das Sorbet *carezza* (Kamille, Honig und Mandelmilch).
- Eine beliebte Adresse der Florentiner.

Via Toscanella 15r | tgl. 12–23 Uhr

G PIAZZALE MICHELANGELO

Gratis

Das Arno-Tal und die Kuppel des Doms mit den Bergen des Apennin im Hintergrund. Kommen Sie am Ende des Tages, um zu erleben, wie die Sonne die Dächer der Stadt ins goldene Abendlicht taucht.

4 LE VOLPI E L'UVA

Abendessen

- Von Liebhabern geführte *enoteca* (Weinstube) auf einem hübschen Platz.
- Zum Wein gibt es Wurst- und Käseplatten oder *crostini* mit Asiago-Käse.

Piazza dei Rossi 1r | tgl. 12–21 Uhr

 Die jeweiligen Öffnungszeiten finden Sie im Register ab S. 150.

REISETIPP
1

VAL D'ELSA

SAN GIMIGNANO, MONTERIGGIONI, COLLE DI VAL D'ELSA, CERTALDO ALTO, CONVENTO DI SAN VIVALDO

- **Im Val d'Elsa, benannt nach dem gleichnamigen Fluss, konzentrieren sich einige der schönsten Orte der Toskana.**
- **Steile Gassen, Geschlechtertürme, Panoramablicke – an jeder Ecke gibt es etwas zu sehen.**

A SAN GIMIGNANO

Das Manhattan des Mittelalters

Diese kleine Stadt auf einem Hügel fasziniert mit ihren **14 Geschlechtertürmen** die Besucher. San Gimignano scheint seit dem Mittelalter unverändert geblieben zu sein, damals gab es jedoch 72 Türme. Sie galten als Symbol für Wohlstand und sollten auch Wehrhaftigkeit gegenüber den rivalisierenden Nachbarn Volterra und Siena demonstrieren. Und wenn der Feind doch in die Stadt eindrang, konnte man sich dorthin zurückziehen *(Bild)*.

B PIAZZA DEL DUOMO

San Gimignano | Dom und Museo Civico Eintritt

Der Platz ist von Palästen und Türmen umringt, dominiert von der **Collegiata Santa Maria Assunta** (Dom) aus dem 12. Jh. Hinter der romanischen Fassade verbergen sich herrliche Fresken der Sieneser Schule. Den **Palazzo del Popolo** krönt die Torre Grossa, mit 54 m der höchste Turm der Stadt. Das **Museo Civico** beherbergt schöne Fresken aus dem 14. Jh., während man von der **Rocca** einen atemberaubenden Ausblick genießt.

1 LA MANGIATOIA

San Gimignano

»Meine stille Vorfreude? Eine Mahlzeit im Restaurant Mangiatoia. Das *filetto di cervo e porcini* (Hirschfilet mit Steinpilzen) ist unübertroffen.«

Via Mainardi 5 | tgl. 12.30–14.30, 19.30–21.30 Uhr

 Die jeweiligen Öffnungszeiten finden Sie im Register ab S. 150.

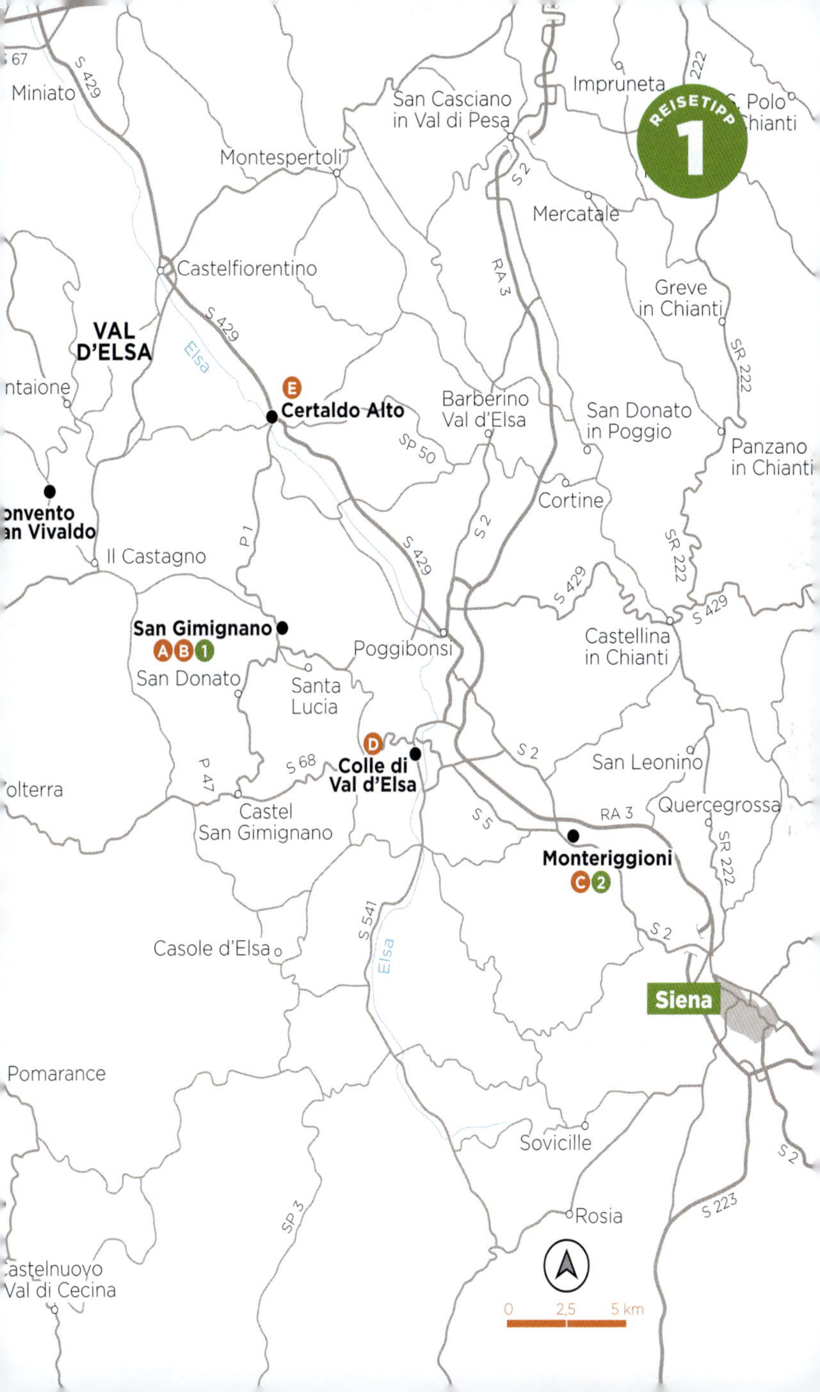

REISETIPP 1
Impruneta
S. Polo in Chianti
San Casciano in Val di Pesa
Miniato
S 67
S 429
222
Montespertoli
S 2
Mercatale
Castelfiorentino
RA 3
Greve in Chianti
VAL D'ELSA
S 429
Elsa
SR 222
ntaione
E
Certaldo Alto
Barberino Val d'Elsa
San Donato in Poggio
Panzano in Chianti
SP 50
Cortine
onvento an Vivaldo
P 1
S 2
SR 222
Il Castagno
S 429
S 429
S 429
San Gimignano
A B 1
Poggibonsi
Castellina in Chianti
San Donato
Santa Lucia
D
S 2
San Leonino
S 68
Colle di Val d'Elsa
P 47
olterra
RA 3
Quercegrossa
Castel San Gimignano
S 5
Monteriggioni
C 2
SR 222
S 541
S 2
Casole d'Elsa
Elsa
Siena
Pomarance
Sovicille
S 2
S 223
Rosia
SP 3
astelnuovo Val di Cecina
0
2,5
5 km

VAL D'ELSA

SAN GIMIGNANO, MONTERIGGIONI, COLLE DI VAL D'ELSA, CERTALDO ALTO, CONVENTO DI SAN VIVALDO

C MONTERIGGIONI

Der Reiz alter Gemäuer

Das befestigte Dorf unweit von Siena umgibt eine monumentale Stadtmauer mit 14 Türmen. Man kann die Mauern auch besteigen, um den **Panoramablick** zu genießen. Im Inneren ist alles noch so, wie es im 13. Jh. angelegt wurde: der Platz, der Brunnen, die Kirche im romanischen und gotischen Stil – alles ist authentisch! Kommen Sie am Ende des Tages, um die Menschenmassen zu umgehen und das goldene Licht zu erleben.

2 OSTERIA ANTICO TRAVAGLIO

Monteriggioni

»Meine Lieblingsadresse auf dem mittelalterlichen Dorfplatz. Zum Nachtisch gibt es ein sehr cremiges hausgemachtes Eis.«

Piazza Roma 6a | Mo–Fr mittags, Sa, So mittags und abends

D COLLE DI VAL D'ELSA

Die Kristallstadt

99 % der italienischen **Kristallproduktion** stammt von hier. Die Tradition der Glasverarbeitung wurde im 19. Jh. begründet und wird im Kristallmuseum in der Unterstadt nachgezeichnet. Die Oberstadt erreicht man mit dem Aufzug. Bummeln Sie durch die Via del Castello, vorbei am **Palazzo Campagna** und den Herrenhäusern aus dem 15. Jh. Gehen Sie weiter zum **Dom** mit seiner neoklassizistischen Fassade. Der Domplatz ist ein Schmuckstück!

E CERTALDO ALTO

Natur und Kultur

Mit der Seilbahn oder zu Fuß geht es hinauf in diese mittelalterliche Stadt. Boccaccio, ein Humanist des 14. Jhs., wurde hier geboren. Besuchen Sie sein Haus oder sein Grab in der Kirche **Santi Jacopo e Filippo**. Verpassen Sie nicht den **Palazzo Pretorio**, dessen Fassade mit Wappen geschmückt ist und dessen Gefängnisse Graffiti zieren. Certaldo ist auch für seine roten Zwiebeln bekannt. Es gibt sie sogar als Marmelade. Einfach probieren!

F CONVENTO DI SAN VIVALDO

Montaione

Dieses Franziskanerkloster (15. Jh.) verfügt über eine Kirche und **34 Kapellen**, die über den Wald verstreut sind. In Anlehnung an die heiligen Stätten wird es auch das »Jerusalem der Toskana« genannt.

 Die jeweiligen Öffnungszeiten finden Sie im Register ab S. 150.

REISETIPP
1

SIENA

EINE DER SCHÖNSTEN STÄDTE DER TOSKANA

- **Auto: Das Zentrum ist für den Verkehr gesperrt (ZTL).**
- **Gebührenpflichtige Parkplätze vor den Toren der Stadt, weitere Stellplätze an Bahnhof, Stadion, Dom sowie Parcheggio Santa Caterina**
- **Tourist-Info: Piazza Duomo 1, www.terresiena.it**
- **Besichtigung: Kombitickets für Museo Civico, Torre del Mangia und Santa Maria della Scala sowie Opa Si Pass für den Dom**

DER PALIO

2. Juli und 16. August auf der Piazza del Campo

Ein **Pferderennen**, bei dem alles erlaubt ist! Drei Runden auf dem Campo, um den Sieger aus zehn ***contrade*** (Stadtvierteln) zu ermitteln. Dann folgt ein rauschendes Fest in einer Stadt voller Farben.

A PIAZZA DEL CAMPO

Einer der schönsten Plätze der Welt. Er besticht durch seine verschiedenen Rottöne und fasziniert durch seine schiefe Ebene, die die Form eines Amphitheaters nachzeichnet. Majestätisch!

B PALAZZO PUBBLICO UND MUSEO CIVICO

Piazza del Campo 1 | Eintritt | Kombiticket

Der schlanke, über 100 m hohe Turm (Torre del Mangia), die schlichte, leicht geschwungene Fassade und die warmen Farben: Der **gotische Palast** aus dem 13. und 14. Jh. diente als Vorbild für viele andere Repräsentationsbauten in der Toskana. Er beherbergt heute das **Stadtmuseum**. Die Fresken in der *Sala del Concistoro* sowie die Meisterwerke im Saal *Mappamondo* vereinen das Beste, was die sienesische Kunst hervorgebracht hat.

1 LIBERAMENTE OSTERIA

»Für den *aperitivo* lasse ich es mir nicht nehmen, mich auf der Terrasse dieser Bar auf der Piazza del Campo niederzulassen, um einen *Marcellino* (mit Prosecco) zu genießen.«

Il Campo 27 | Mi–So 10–24 Uhr

 Die jeweiligen Öffnungszeiten finden Sie im Register ab S. 150.

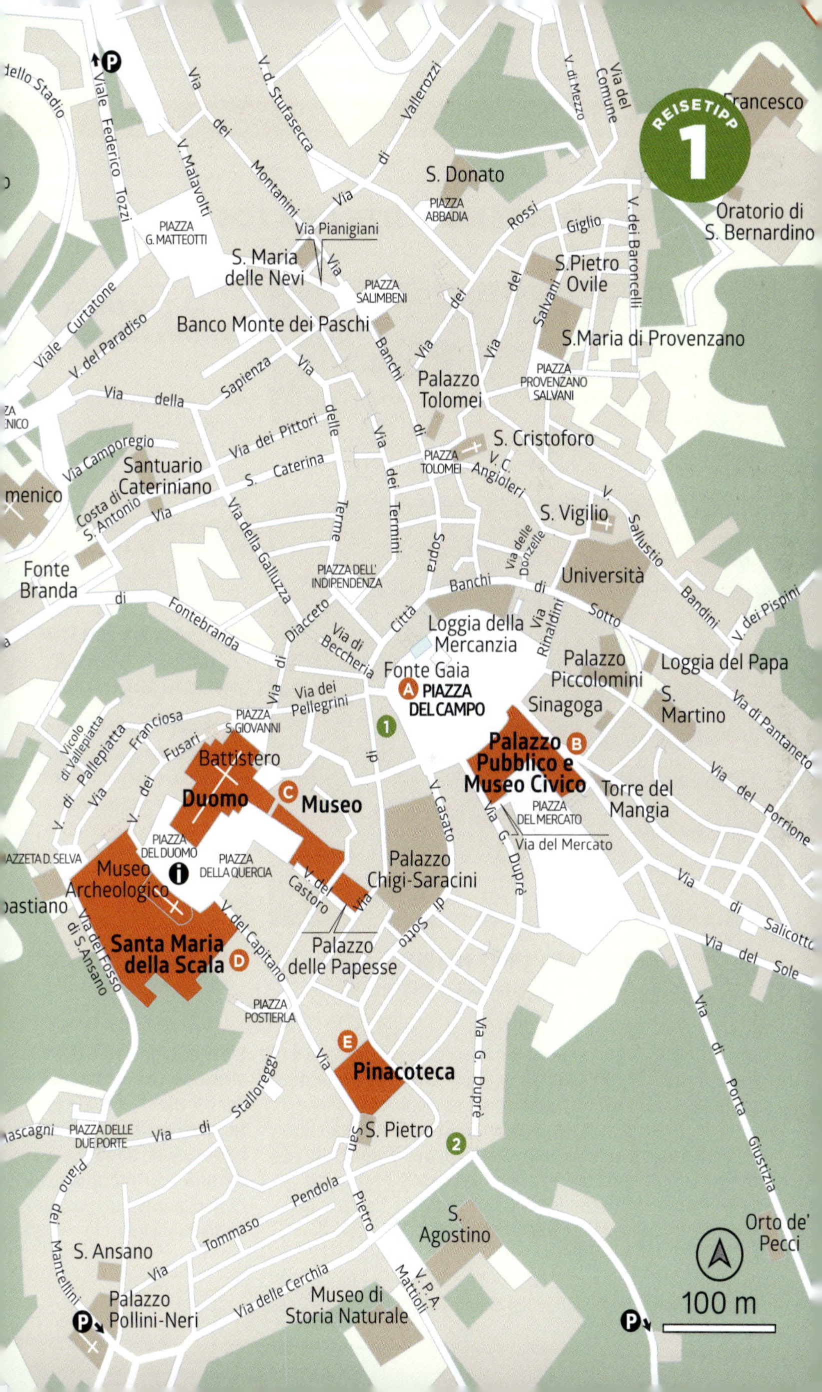

REISETIPP
1
PIAZZA DEL CAMPO
Fonte Gaia
Loggia della Mercanzia
Palazzo Pubblico e Museo Civico
Torre del Mangia
PIAZZA DEL MERCATO
Via del Mercato
Duomo
Battistero
Museo
PIAZZA DEL DUOMO
PIAZZA DELLA QUERCIA
Museo Archeologico
Santa Maria della Scala
Pinacoteca
Palazzo delle Papesse
Palazzo Chigi-Saracini
PIAZZA POSTIERLA
S. Pietro
S. Agostino
Museo di Storia Naturale
Palazzo Pollini-Neri
S. Ansano
PIAZZA DELLE DUE PORTE
Orto de' Pecci
Università
Palazzo Piccolomini
Loggia del Papa
S. Martino
Sinagoga
S. Vigilio
S. Cristoforo
PIAZZA TOLOMEI
Palazzo Tolomei
PIAZZA PROVENZANO SALVANI
S.Maria di Provenzano
S.Pietro Ovile
Oratorio di S. Bernardino
Francesco
S. Donato
PIAZZA ABBADIA
PIAZZA SALIMBENI
Banco Monte dei Paschi
S. Maria delle Nevi
PIAZZA G. MATTEOTTI
Via Pianigiani
Santuario Cateriniano
Fonte Branda
PIAZZA DELL' INDIPENDENZA
PIAZZA S. GIOVANNI
Viale Federico Tozzi
Viale Curtatone
Via di Fontebranda
Via di Città
Banchi di Sopra
Banchi di Sotto
Via di Pantaneto
Via del Porrione
Via di Salicotto
Via del Sole
Via di Porta Giustizia
Via G. Duprè
Via di San Pietro
Via Stalloreggi
Via delle Cerchia
Via Tommaso Pendola
Via del Capitano
Via della Galluzza
Via dei Termini
Via delle Terme
Via della Sapienza
Via dei Pittori
Via S. Caterina
Via dei Montanini
Via di Vallerozzi
Via dei Rossi
100 m

SIENA

EINE DER SCHÖNSTEN STÄDTE DER TOSKANA

2 TAVERNA DI SAN GIUSEPPE

»Als Fan von *tartuffo fresco* (frischer Trüffel), der bestens zu Pasta passt, bin ich eine treue Besucherin dieses Lokals.«
Via Giovanni Duprè, 132 | Mo–Sa 12–14.30, 19–22 Uhr (Bild)

D SANTA MARIA DELLA SCALA

Piazza del Campo 1 | Eintritt

Eines der ältesten **Krankenhäuser** Europas Das Hospiz wurde im 11. und 12. Jh. gegründet und ist erstaunlich groß. Die **Fresken** im Pellegrinaio erzählen vom Krankenhausleben im 15. Jh.

C DUOMO UND MUSEO

Piazza del Duomo | Eintritt | Kombiticket Opa Si Pass

Die Kathedrale von Siena ist ein absolutes Highlight. Sie wurde im 12. Jh. von Zisterziensermönchen erbaut und immer wieder erweitert, sodass sie sowohl romanische als auch gotische Stilelemente aufweist. Bewundern Sie den **Fußboden** aus Marmorintarsien, der in der Welt einzigartig ist. Auch die **Fresken** im Baptisterium und in der Krypta sind sehenswert. Das Museum beherbergt Duccios erhabene *Maestà*, ein Meisterwerk des 14. Jhs.

E PINACOTECA

Via San Pietro 29 | Eintritt

Ein Muss für Liebhaber der **sienesischen Malerei** des 13. bis 17. Jhs. Ein Meisterwerk der Renaissance reiht sich an das andere, darunter die *Madonna der Franziskaner* von Duccio di Buoninsegna.

 Die jeweiligen Öffnungszeiten finden Sie im Register ab S. 150.

REISETIPP
1

VOLTERRA

DIE ALTE ETRUSKERSTADT

- **Das Zentrum ist für den Verkehr gesperrt (ZTL).**
- **Kostenlose Parkplätze außerhalb der Stadttore; gebührenpflichtige Plätze: z. B. P4 an der Porta Fiorentina oder P1 (La Dogana)**
- **Tourist-Info: Piazza dei Priori 20, www.volterratur.it**
- **City-Card: Volterra Card berechtigt zum Besuch aller Sehenswürdigkeiten; ermäßigter Preis für Familien.**

1 BAR PRIORI

- Schöne Terrasse, um das Treiben zu beobachten.
- Typische Bar für einen Cappuccino oder ein Glas lokalen Weißwein: Vernaccia oder Vermentino.

Piazza dei Priori 2 | tgl. 7–21 Uhr

A PIAZZA DEI PRIORI

Palazzo Eintritt

Das Mittelalter ist hier omnipräsent. Die Piazza dei Priori, gesäumt von strengen Palästen mit zinnenbewehrten Türmen, ist der Mittelpunkt der Stadt. Der **Palazzo Pretorio** mit der Torre del Porcellino (halten Sie Ausschau nach dem Schweinchen an der Fassade) und der **Palazzo dei Priori** aus dem 13. Jh. stehen sich gegenüber. Letzterer ist der älteste Gemeindepalast der Toskana. Sein Äußeres überrascht mit den zahlreichen Wappen florentinischer Gouverneure, die hier die Herrschaft ausübten *(Bild)*.

 Die jeweiligen Öffnungszeiten finden Sie im Register ab S. 150.

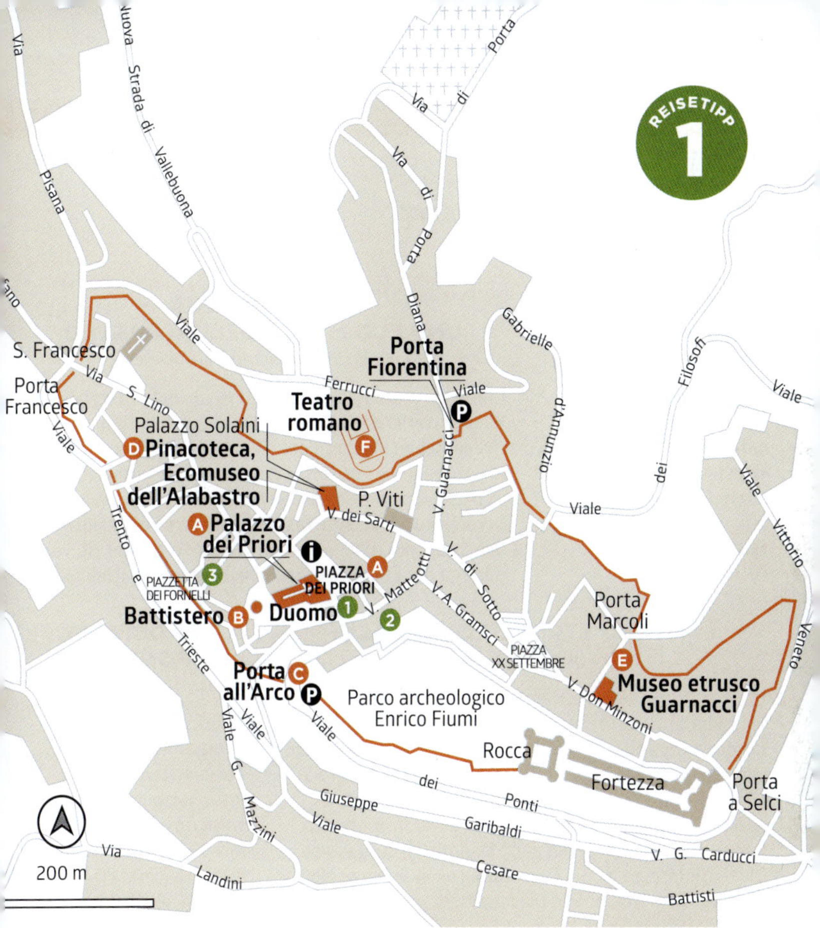

B DUOMO UND BATTISTERO

Piazza del Duomo | *Eintritt*

Die Fassade ist im schlichten romanischen Stil gehalten. Die Kathedrale wurde 1120 geweiht und seither mehrfach umgestaltet: Der Glockenturm stammt aus dem 15. Jh., die Kassettendecke aus dem 16. Jh. Sehenswert ist insbesondere die Kanzel. Verpassen Sie auch nicht die hölzerne Darstellung der *Kreuzabnahme* aus dem 13. Jh. Das achteckige Baptisterium San Giovanni im pisanischen Stil wurde im 12. und 13. Jh. erbaut.

C PORTA ALL'ARCO

Dieses Tor ist ein Überbleibsel aus der Etruskerzeit. Es wurde im 4. Jh. v. Chr. errichtet und war der südliche Zugang zur Stadt. Bemerkenswert sind die drei Köpfe, die den Torbogen zieren.

VOLTERRA

DIE ALTE ETRUSKERSTADT

2 L'INCONTRO
Italienisches Bistro

- Echte Bar im italienischen Stil, die bei Einheimischen sehr beliebt ist.
- Bestellen Sie doch zu Ihrem Glas Wein eine leckere *bruschetta*.

Via Matteotti 18 | Do–Di 7–24 Uhr

D PINACOTECA UND ECO MUSEO DELL'ALBASTRO
Via dei Sarti 1 | Eintritt | Kombiticket

Dieser elegante Palast aus dem 15. Jh. beherbergt einige Meisterwerke der **sakralen Kunst**, geschaffen von toskanischen Meistern des 14. bis 17. Jhs., darunter die *Kreuzabnahme* von Rosso Fiorentino. Im Turm befindet sich ein Museum, das die Geschichte der Gewinnung und Verarbeitung von **Alabaster**, einem weißen opalisierenden Stein, der rund um Volterra sehr verbreitet ist, von der Zeit der Etrusker bis zum heutigen Tag nacherzählt.

E MUSEO ETRUSCO GUARNACCI
Via Don Minzoni 15 | Eintritt

Eines der ältesten öffentlichen Museen der Welt. Dies ist Mario Guarnacci zu verdanken, einem Geistlichen und Liebhaber etruskischer Kunst, der der Stadt 1761 etwa 600 Graburnen schenkte. Das Museum zeigt die Entwicklung dieser Kultur vom 10. bis zum 1. Jh. v. Chr. auf. Neben den Urnen werden auch Skulpturen ausgestellt. Die berühmteste ist die Darstellung eines Jungen, die auch aus dem Atelier von Giacometti stammen könnte.

3 OSTERIA FORNELLI

- Blick auf die Hügel.
- Toskanische Klassiker in neuem Gewand: *lasagnetta croccante con salsiccia e funghi* (Lasagne mit Wurst und Pilzen).

Piazzetta dei Fornelli 3 | tgl. 11–15, 19–23 Uhr

F TEATRO ROMANO
Eintritt

Dieses römische Theater wurde erst in den 1950er-Jahren entdeckt und stammt aus dem 1. Jh. v. Chr. Von der Stadtmauer hat man einen guten Blick auf die nur 19 Tribünenreihen. Tolle Aussicht!

 Die jeweiligen Öffnungszeiten finden Sie im Register ab S. 150.

REISETIPP
1

VAL D'ORCIA (DER SÜDEN)

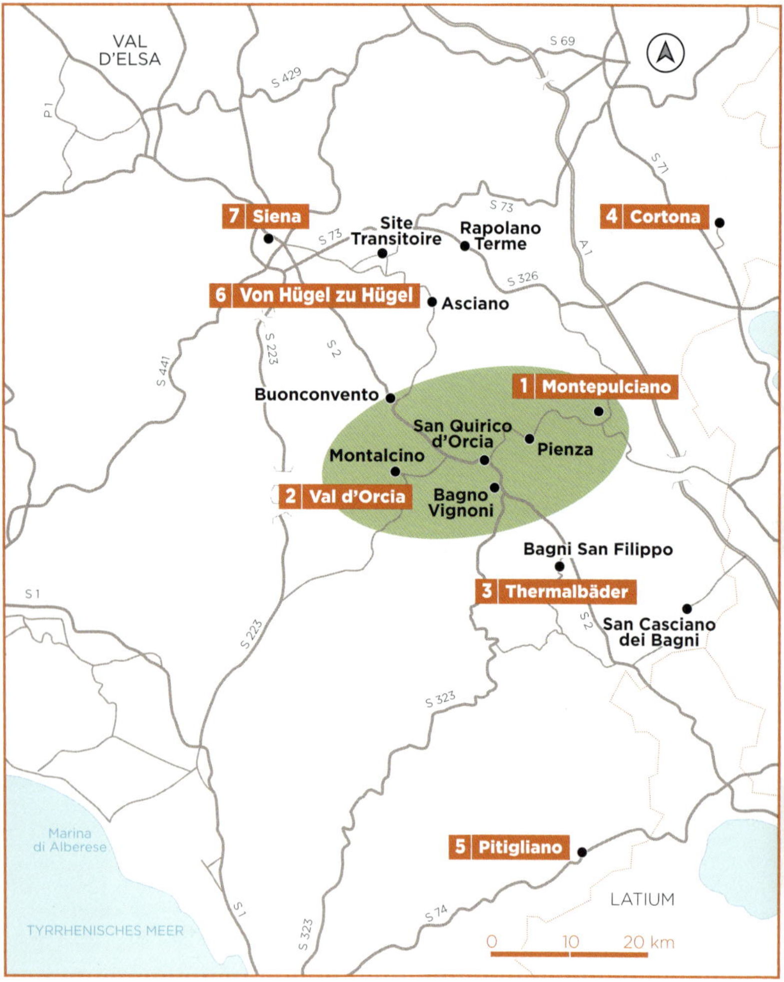

REISETIPP 2

Halten Sie sich im Val d'Orcia auf? Die Region, die zum UNESCO-Weltkulturerbe gehört, verspricht tolle Entdeckungen zwischen malerischen Orten auf Felsrücken und atemberaubender Natur. In diesem Kapitel stellen wir Ihnen sieben Tagesausflüge vor.

Schließen Sie Ihr Navi an und genießen Sie das süße Leben der Südtoskana!

1 Montepulciano

Genuss für Augen und Gaumen

2 Im Herzen des Val d'Orcia

Bezaubernde Dörfer zwischen Hügeln und Zypressen

3 Thermalbäder

Badefreuden in der Natur

4 Cortona

Stadt des *dolce vita*

5 Pitigliano

Hoch oben auf dem Tuffsteinfels

6 Von Hügel zu Hügel

Toskanischer Road Trip

7 Siena

Eine der schönsten Städte der Toskana

Siehe Chianti, S. 100

MONTEPULCIANO

DIE STADT THRONT ÜBER ZWEI TÄLERN

- **Auto: Zentrum gesperrt, kostenlose Parkplätze an der Via dei Filosofi**
- **Tourist-Info: Piazza Don Minzoni 1**
- **Achtung: Es geht steil bergauf!**

EIN WENIG GESCHICHTE

Montepulciano liegt auf dem Kamm eines mit Weinreben bepflanzten Hügels und zeichnet sich durch seine zahlreichen Renaissancebauten im florentinischen wie auch im sienesischen Stil aus.

A IL CORSO

Von der Porta al Prato bis zur Piazza Grande verläuft die Hauptstraße. Hier finden sich gotische Kirchen, kleine Plätze und Renaissancepaläste. Auch Via Ricci und Via Poggiolo sind einen Besuch wert.

B PIAZZA GRANDE

Eine echte Theaterkulisse: Die Piazza ist das pulsierende Herz der Stadt mit dem **Palazzo Comunale** (der an den Palazzo Vecchio in Florenz erinnert), dem **Dom** und den imposanten Palästen.

1 CAVE DE'RICCI

- Verkostung verschiedener Weine, darunter der **Vino Nobile**, der kräftiger ist als der Chianti Classico.
- Kostenlose Besichtigung der Weinkeller, keine Reservierung erforderlich.

Via Ricci 11, tgl. 10.30–19 Uhr

2 OSTERIA ACQUACHETA

»Ich empfehle dieses Lokal vor allem, weil es das *bistecca alla fiorentina* so gut beherrscht: perfekt zubereitet und intensiv im Geschmack.«

Via del Teatro 22 | Mi–Mo 12.30–15, 19.30–21.30 Uhr

C TEMPIO DI SAN BIAGIO

2 km südwestl.

Diese **Kirche** mitten in der Natur ist ein eindrucksvoller Zentralbau im Renaissancestil. Sie wurde im 15. Jh. errichtet und weist einen Grundriss in Form eines griechischen Kreuzes auf.

 Die jeweiligen Öffnungszeiten finden Sie im Register ab S. 150.

PIAZZA DON MINZONI
Via E. Bernabei
Via Portella della Ginestra
Porta al Prato
Maggio
Palazzo Avignonesi
Sant Agostino
Santa Lucia
Via dei Canneti
V. Piana
Gracciano nel Corso
Viale
Torre di Pulcinella
V. del Poggiolo
V. di Corso
Il Corso
Palazzo Cervini
Museo Civico
Via Ricci
V. del Piè Al Sasso
Nel Voltaia
Cave Ricci
Chiesa di Gesù
Palazzo Comunale
PIAZZA GRANDE
Via di San Biagio
Via di Collazzi
Duomo
Palazzo Contucci
Via dell'Oriolo
Teatro Poliziano
Via di S. Donato
V. del Teatro
Cozzani
Fortezza Medicea
V. del Poliziano
Vincenzo
empio an Biagio
S. Maria dei Servi
Pietro
Viale d. Rimembranza
Via di San
Via della Circonvallazione
100 m

IM HERZEN DES VAL D'ORCIA

PIENZA, SAN QUIRICO D'ORCIA UND MONTALCINO

- **Tipp: Laden Sie die Akkus Ihrer Kameras und Handys auf – die Gegend ist ausgesprochen fotogen.**
- **www.parcodellavaldorcia.com**

VAL D'ORCIA

Sie fragen sich vielleicht, woher das typische Klischee der Toskana mit ihren säuberlich aufgereihten **Zypressenalleen** auf sanften grün-goldenen Hügeln stammt? Diese Landschaft ist vor allem hier zu bestaunen: im Herzen des Val d'Orcia, das seit 2004 zum UNESCO-Weltkulturerbe gehört. Genießen Sie die romantischen Serpentinenstraßen und lassen Sie sich von den imposanten Palästen und den malerischen Landgütern verzaubern.

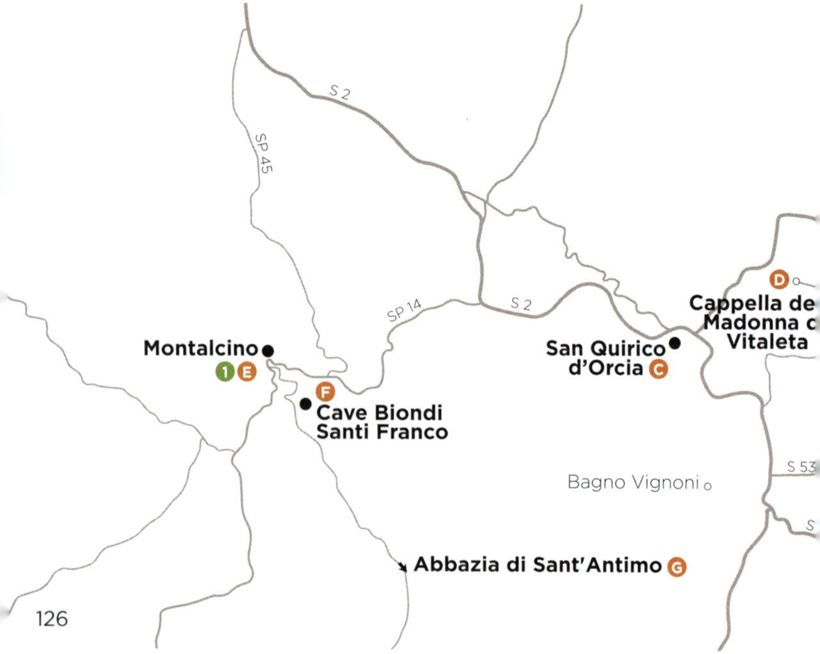

REISETIPP 2

Ⓐ PIENZA

Dieses architektonische Juwel entstand auf dem Reißbrett nach dem Willen von Papst **Pius II.** Gemeinsam mit seinem Architekten Il Rosselino entwarf er im 15. Jh. eine Stadt, die ganz dem Kanon der Renaissance entsprach. Das Ergebnis ist eine überwältigende bauliche Harmonie, die besonders auf der **Piazza Pio II** zum Ausdruck kommt, dominiert vom imposanten, aber schlichten **Dom** und gesäumt von Palazzo Piccolomini und Palazzo Borgia.

Ⓑ PALAZZO PICCOLOMINI

Piazza Pio 2, Pienza

Die nüchterne Strenge der Fassade dieser ehemaligen Sommerresidenz von Papst Pius II. steht im Gegensatz zum protzigeren Inneren. Beachten Sie auch die hängenden Gärten und die Loggia.

IM HERZEN DES VAL D'ORCIA

PIENZA, SAN QUIRICO D'ORCIA UND MONTALCINO

C SAN QUIRICO D'ORCIA

Umgeben von Stadtmauern hat San Quirico seine Authentizität bewahrt. Zwischen den mittelalterlichen Gassen verbirgt sich ein Juwel: die **Collegiata**. Die Stiftskirche aus dem 12. und 13. Jh. beeindruckt vor allem durch ihre romanischen Portale von Giovanni Pisano. Beachten Sie die geschnitzten Löwen und Krokodile. In der Stadtmitte befinden sich die **Horti Leonini**, ein perfektes Beispiel für eine italienische Gartenanlage aus dem 16. Jh.

D CAPPELLA DELLA MADONNA DI VITALETA

Die von ein paar Bäumen umstandene und von Feldern umgebene Renaissancekapelle in den Hügeln nordöstlich von San Quirico ist ein zauberhafter Ort, der Ruhe und Gelassenheit ausstrahlt.

E MONTALCINO

Ein liebenswertes Städtchen, berühmt für seinen Wein

Einer dieser typisch toskanischen Orte, die auf einem Hügel thronen und von einer Stadtmauer umgeben sind – Hinweis auf die langjährige Rivalität zwischen Siena und Florenz. Von der **Fortezza** (14. Jh.) hatte man den Feind perfekt im Blick. Das **Museo Civico Diocesano**, untergebracht in den Mauern eines ehemaligen Klosters, beherbergt eine sehenswerte Sammlung aus dem goldenen Zeitalter der sienesischen Schule.

1 CAFFÈ ENOTECA IL LECCIO

Montalcino

»Der Kaffee aus der altmodischen Maschine ist fabelhaft. Und dann erst die Terrasse: mein absoluter Favorit für eine kleine Pause in der Sonne.«

Via Costa del Municipio 12 | Mi–Mo 8–20 Uhr

F CAVE BIONDI-SANTI FRANCO

3 km südöstl. von Montalcino

Es gibt zahlreiche Vinotheken und Verkostungen des Brunello di Montalcino. Zu empfehlen ist vor allem das Weingut Biondi-Santi, wo dieser Wein entstand.

Il Greppo 183 | www.biondisanti.it

G ABBAZIA DI SANT'ANTIMO

Castelnuovo dell'Abate

Die inmitten der Natur gelegene romanische Zisterzienserkirche aus dem 12. Jh. lädt zur Besinnung ein. Der hölzerne Christus im 20 m hohen Hauptschiff unterstreicht die Feierlichkeit des Ortes.

 Die jeweiligen Öffnungszeiten finden Sie im Register ab S. 150.

REISETIPP
2

THERMALBÄDER

BAGNO VIGNONI, BAGNI SAN FILIPPO UND SAN CASCIANO DEI BAGNI

- **Seit der Antike ist die Region für ihre heißen Quellen mit unzähligen gesundheitsfördernden Eigenschaften bekannt.**
- **Natürliche Pools, Wasserbecken oder versteinerte Wasserfälle ...**

A BAGNO VIGNONI

Ein Bassin als Dorfmittelpunkt

Ein ungewöhnlicher Anblick! Das große **Steinbecken** nimmt fast den gesamten Platz der Piazza delle Sorgenti (Platz der Quellen) ein. Das Wasser sprudelt hier seit der Antike mit einer Temperatur von fast 52 °C aus dem Boden. Katharina von Siena, Papst Pius II. und Lorenzo der Prächtige zählten zu den berühmten Gästen. Heute ist das Baden im Ort verboten, aber das warme Wasser taucht unterhalb des Parco dei Mulini wieder auf.

1 LA BOTTEGA DI CACIO

Bagno Vignoni

- Feinkostladen, Weinbar und Bistro in einem.
- Hochwertige Produkte *(prosciutto, speck, pecorino)* und schöne Terrasse auf einem hübschen Platz.

Piazza del Moretto 31 | Mi–Mo 11–19 Uhr

B BAGNI SAN FILIPPO

Gratis | Parkgebühr

Eine geradezu märchenhafte Landschaft! Umgeben von Wald hat das Wasser aus weißem Kalkstein einen Sinterfelsen mit einzigartigen Formationen und natürlichen Bassins geschaffen *(Bild)*.

C SAN CASCIANO DEI BAGNI

Thermalkurort

Dieser entzückende Ort birgt ein luxuriöses Thermalbad (Fonteverde), aber auch zwei alte Waschhäuser, die zu Fuß erreichbar sind (500 m vom Dorf). Es ist möglich, in dem dampfenden Wasser zu baden.

CORTONA

STADT DES *DOLCE VITA*

- **Auto: Das Zentrum ist für den Verkehr gesperrt; Parkplätze vor den Toren der Stadt.**
- **Tourist-Info: Palazzo Casali, Piazza Signorelli 9, www.cortonaweb.net, www.comune.cortona.ar.it**

EINE BEWEGTE GESCHICHTE

Willkommen in einer lebhaften und doch friedlichen Kleinstadt! Cortona thront spektakulär auf einem Hügel mit Blick auf das wunderschöne Chiana-Tal und im Süden auf den Trasimenischen See. Die Stadt ist uralt, sie wurde von den Etruskern gegründet, später von den Römern und im 5. Jh. von den Goten besetzt, im Mittelalter von Bischöfen regiert und geriet im 15. Jh. unter florentinischen Einfluss. Sie werden begeistert sein!

A PIAZZA DELLA REPUBBLICA

Das Herz der Stadt. Etwas abschüssig, dienen die Stufen, die zum **Palazzo del Comune** (13. Jh.) hinaufführen, als öffentliche Sitzbänke. Direkt dahinter befindet sich die **Piazza Signorelli**.

B MAEC – MUSEO DELL'ACCADEMIA ETRUSCA E DELLA CITTÀ DI CORTONA

Piazza Signorelli 9 | Eintritt

Für Liebhaber von Archäologie und Kunstgeschichte, aber auch für Einsteiger. Das **Museum** befindet sich im Palazzo Casali und stellt eine Vielzahl von Objekten aus etruskischen Gräbern aus: Schmuck, Vasen, Bronzestatuetten, Keramiken, Urnen – alles sehr fein ziseliert. Das bekannteste Ausstellungsstück ist eine Öllampe aus dem 5. Jh. mit einem Gorgonenkopf. Es gibt weitere Räume, die den Römern und der Stadtgeschichte gewidmet sind.

C MUSEO DIOCESANO

Piazza del Duomo | Eintritt

Das Kunstmuseum logiert in der Chiesa di Gesù. Das Altarbild *Die Verkündigung* von **Fra Angelico** aus dem Jahr 1434 sollten Sie keinesfalls verpassen. Ein Raum ist Luca Signorelli vorbehalten.

1 OSTERIA DEL TEATRO

»Meine Lieblings-Osteria, um die vorzüglichen Produkte der Region zu probieren. In der Saison leckere Steinpilze *(porcini)*.«

Via Giuseppe Maffei 2 | Mi–Mo 12.30–14.30, 19–22 Uhr

 Die jeweiligen Öffnungszeiten finden Sie im Register ab S. 150.

PIAZZALE MAZZINI
Mura Etrusche
Porta Colonia
Via Rinfrena
V. delle Fontanelle
Duomo
PIAZZA DUOMO
V. Vagnotti
Via Dardano
V. Tarconte
V. Maccari
Via del Salvatore
V. Bagno di Bacco
Via Porta Montanina
REISETIPP
2
PIAZZALE SANTA MARGHERITA
Via di Fonte
V. del Gesù
V. Cioli
V. Zefferini
PIAZZA FRANCIOLINI
V. del Teatro
V. Casali
V. Laparelli
Via Mazzuoli
Vicolo Sellari
Vicolo Radi
San Cristoforo
PIAZZA SAN CRISTOFORO
Via Santa Croce
Chiesa di Santa Margherita
MAEC
PIAZZA LUCA SIGNORELLI
Via Roma
Benedetti
Via Maffei
Via Berrettini
PIAZZA DEL POZZO
PIAZZA DELLA PESCAIA
Via Orto di Cera
Palazzo del Comune
Via San Marco
Via San Niccolò
San Niccolò
Via delle Santucce
Via Santa Margherita
V. Ghibellina
Via Ghini
Pza della Repubblica
V. Santucci
San Francesco
Viccolo dell' Amorino
Via Monetti
Via Santissima Trinita
Via Guelfa
V. Petrella
Via Nazionale
Via Maffei
V. del Giardino
V. Beato G.
Via Coppi
V. Venuti
V. Santa Margherita
Via Santa Margherita
V. San Sebastiano
V. Gioco del Pallone
PIAZZA GIUSEPPE GARIBALDI
Via Gino Severini
San Domenico
Via del Crocifisso
Cesare Battisti
Rolltreppen
Via Cesare Battisti
Giardini del Parterre
Via del Mercato
100 m

PITIGLIANO

SPEKTAKULÄR AUF EINEM VULKANFELSEN GELEGEN

- **Auto: Das Zentrum ist für den Verkehr gesperrt; Parkplätze in der Neustadt.**
- **Tourist-Info: Piazza Garibaldi 10, www.comune.pitigliano.gr.it**
- **Planen Sie Zeit für Saturnia ein.**

EINE URALTE STADT ...

Inmitten einzigartiger Natur

Spektakulär, wenn Pitigliano plötzlich hinter einer Kurve auftaucht! Der Ort thront auf einem Felsvorsprung im Zentrum der **Tuffsteinregion**, einem brüchigen und sehr porösen Gestein, das eine einzigartige Landschaft hervorgebracht hat. Die Etrusker nutzten den Tuffstein, um ein weitläufiges Netz von Kellern zu graben, in denen sie Wein und Getreide aufbewahrten. Die **Piazza della Repubblica** bildet das Epizentrum der Stadt.

... DIE AUCH ALS KLEIN-JERUSALEM BEKANNT IST

Im 16. Jh. fand eine jüdische Gemeinschaft, die aus Spanien geflohen war, in Pitigliano Zuflucht. Die dort herrschenden Orsini hatten sich entschieden, die neuen Bürger zu dulden, die jüdische Gemeinde wuchs in der Folge. Aus dieser Zeit sind noch die **Synagoge** mit ihren rituellen Bädern, der Backofen für ungesäuertes Brot, eine Metzgerei und ein koscherer Lebensmittelladen erhalten. Das **Jüdische Museum** dokumentiert diese Epoche.

A MUSEO E PALAZZO ORSINI

P. Fortezza Orsini 25 | Eintritt

Die im 13. Jh. begonnene Burg ist ganz der sakralen Kunst gewidmet und zeigt Goldschmiedearbeiten, Fresken und Gemälde.
Es ist ein Vergnügen, das Labyrinth der Säle in dieser Festung zu erkunden.

 Die jeweiligen Öffnungszeiten finden Sie im Register ab S. 150.

REISETIPP 2
Museo e Palazzo Orsini
A
Municipio
PIAZZA G. GARIBALDI
PIAZZA D. FORTEZZA
Via Cavour
1
PIAZZA DELLA REPUBLICA
PIAZZA FR. PETUCCIOLI
V. dei Lavatoi
Roma
Via Zucarelli
Vicolo Volturno
Via Vignoli
Viccolo S. Martino
PIAZZA S. GREGORIO VII
V. Gen. Orsini
Chiesa di Sta Maria e S. Rocco
Via
Jüdisches Museum und Synagoge
Cave
B Via San Michele
Lente
Prochio
S 4
Via Giovanni XXIII
Via Cardella
V. C. Allegretti
Via Marconi
V. Don Fr. Rossi
Neustadt
S 74
Via Maddalena Ciacci
Strada Panoramica
Meleto
S 74
Museo archeologico all'aperto Alberto Manzi
S 127
100 m
Saturnia

PITIGLIANO

SPEKTAKULÄR AUF EINEM VULKANFELSEN GELEGEN

1 ENOTECA PANCACIUA

»Die leckeren Käse- und Wurstbretter *(tagliere)* dieser *enoteca* bringen mich zum Schwärmen. Perfekt für einen *aperitivo* mit Panoramablick.«

Via Cavour 32 | tgl. 10.30–13.30, 15–19 Uhr

B VIA SAN MICHELE

Fotoshooting

Von hier aus hat man die beste Sicht auf die Silhouette von Pitigliano. Am Abend ist das Licht auf den Felsen ein Traum. Ein weiterer Aussichtspunkt ist die Kirche Madonna delle Grazie.

C VIE CAVE

Ein Kuriosum

Rund um Pitigliano bilden diese Hohlwege ein beeindruckendes Netz aus Gängen, die in den Tuffstein gegraben wurden. Diese alten etruskischen Pfade sind ideal für einen schattigen Spaziergang.

REISETIPP 2

D SATURNIA

25 km westl. von Pitigliano über die SR 74

Saturnia ist seit der Antike für sein schwefelhaltiges Wasser bekannt. Die **Cascata del Mulino** kündigt sich durch einen starken Schwefelgeruch an. Ihr 37 °C heißes, blubberndes Wasser hat im Lauf der Zeit große natürliche Becken in den Kalkstein gegraben, die frei zugänglich und daher oft sehr bevölkert sind. Die **Terme di Saturnia** sind dagegen ein luxuriöser Thermalkomplex (Tagesausflüge von Pitigliano möglich).

VON HÜGEL ZU HÜGEL

ABTEI, BERGDÖRFER UND ZEITGENÖSSISCHE KUNST

- **Auto: 95 km (1.45 Std. reine Fahrzeit); im Südosten von Siena**
- **Hauptort der Region: Asciano**

Tourist-Info: Corso Matteotti 122, www.cretesenesi.com

- **Es gibt verschiedene Routen, aber bevorzugen Sie die SP 451, die SP 438 und die SS 73. Ansonsten lassen Sie sich am besten einfach von Ihrem Instinkt leiten.**

CRETE SENESI

Das Umland von Siena ist geprägt von tonhaltigen Böden, grüne und goldgelbe Hügel wechseln einander ab. Die Crete Senesi sind von zahlreichen durch Erosion entstandenen Furchen durchzogen.

 Die jeweiligen Öffnungszeiten finden Sie im Register ab S. 150.

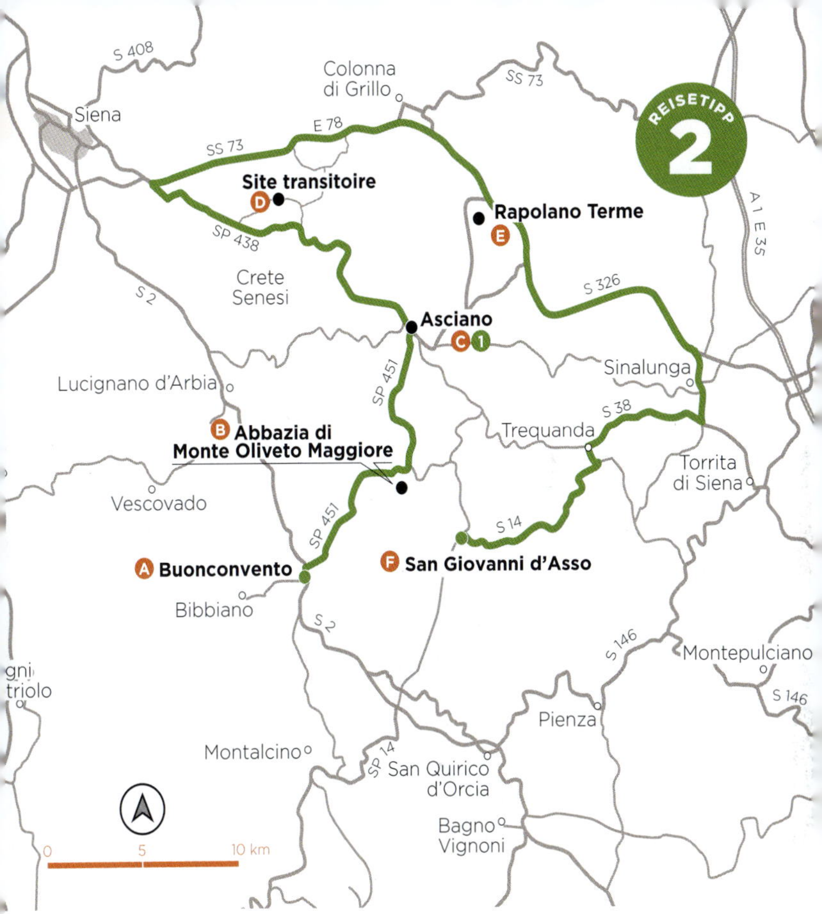

A BUONCONVENTO

In der Ebene gelegenes, von einer Stadtmauer umgebenes Städtchen, dessen Zentrum zum Flanieren einlädt. Das **Museum für sakrale Kunst** des Val d'Arbia zeigt schöne Objekte aus dem 15. Jh.

B ABBAZIA DI MONTE OLIVETO MAGGIORE

Parkgebühr

Inmitten eines Zypressenwaldes steht diese Benediktinerabtei aus dem 14. Jh. mit einem herrlichen **Kreuzgang**, dessen Fresken von Luca Signorelli und Sodoma das Leben des hl. Benedikt darstellen. Das Kloster wird noch immer von Benediktinermönchen bewohnt, auch die Bibliothek, die Apotheke und das Refektorium können besichtigt werden. Ein Laden bietet den berühmten **Flora di Monteoliveto** an, einen Likör aus über 20 Kräutern.

VON HÜGEL ZU HÜGEL

ABTEI, BERGDÖRFER UND ZEITGENÖSSISCHE KUNST

C ASCIANO

Die kleine Hauptstadt der Crete Senesi

Dieses Städtchen im Herzen der Crete Senesi ist ein guter Ausgangspunkt zum Besuch dieser Gegend. In der Umgebung von Asciano präsentiert sich die Landschaft am spektakulärsten. Auch der Ort selbst bezaubert mit seiner romanischen Kirche **Sant'Agata** aus dem 11. Jh., die eine *Madonna mit Kind* von Luca Signorelli birgt. Das Museum für sakrale Kunst im Palazzo Corboli zeigt Werke der Sienesischen Schule des 14. und 15. Jhs.

1 LA MENCIA

Asciano

- Restaurant, Pizzeria und Feinkostladen. Einfache Küche *(tagliata, tiramisu)* und lokale Weine (Brunello di Montalcino).
- Schattige Terrasse.

Corso Matteotti 85 | Di–So 12–14.30, 19–22.30 Uhr

D SITE TRANSITOIRE

Nördl. der SP 438

Zwischen Leonina und Mucigliani hat der französische Künstler Paul Philippe Steinskulpturen aufgestellt, die in einen Dialog mit der Natur treten. Besonders schön bei Sonnenuntergang.

E RAPOLANO TERME

Thermalbäder

Das schwefelhaltige Wasser sprudelt hier mit 39 °C aus dem Boden. Ein Luxushotelkomplex hat sich diese Quelle zunutze gemacht. Lassen Sie sich in den Thermen San Giovanni verwöhnen.

F SAN GIOVANNI D'ASSO

Burg

Die Burg ist schon von Weitem zu sehen und beeindruckt mit ihren eleganten gotischen Fenstern. Die Festung, von den Sienesen vom 12. bis 14. Jh. errichtet, beherbergt das Trüffelmuseum.

 Die jeweiligen Öffnungszeiten finden Sie im Register ab S. 150.

REISETIPP
2

DIE KÜSTE

ITALIEN
Carrara
Viareggio
Lucca
Florenz
Pisa
LIGURISCHES MEER
CHIANTI
Arezzo
San Gimignano
Siena
TOSKANA
ETRUSKISCHE RIVIERA
VAL D'ORCIA
2 Populonia und Baratti
3 Elba
1 Castiglione della Pescaia
TYRRHENISCHES MEER
0 20 40 km

REISETIPP 3

Sie sind in der Toskana und sehnen sich danach, das Meer zu sehen? In diesem Kapitel stellen wir Ihnen drei Urlaubsgebiete vor, in denen der Badeurlaub wunderbar mit Kunst und Kultur verbunden werden kann.

1 Castiglione della Pescaia

Badeort und mittelalterliche Stadt

2 Populonia und Baratti

Die Highlights der Etruskerküste

3 Elba

Die Perle unter den Mittelmeerinseln

Die Strände

In der Toskana wie auch in anderen Teilen Italiens ist die Küste nahezu vollständig von Privatstränden bedeckt. Sie sind dennoch sehr beliebt und oft günstiger als in anderen Ländern Europas. Es gibt aber noch einige frei zugängliche Bereiche.

CASTIGLIONE DELLA PESCAIA

HISTORISCHES STÄDTCHEN UND FEINE SANDSTRÄNDE

- **Castiglione liegt an der Küste zwischen dem Golf von Follonica und dem Naturpark der Maremma.**
- **Tourist-Info: Piazza Garibaldi 6, www.turismo castiglionedella pescaia.it**

EIN REIZENDER MARKTFLECKEN

Ein feiner Sandstrand, Pinienwälder und mediterrane Macchia, dazu eine mittelalterliche Altstadt – der perfekte Ort für einen Badetag. In der Nähe des Hafens folgt auf die Uferpromenade eine Reihe von Stränden. Die steilen, gepflasterten Gassen des historischen Zentrums führen hinauf zur **Rocca**, einer Burg pisanischen Ursprungs (12. Jh.), und zur Kirche **San Giovanni Battista** mit ihrem Campanile aus rotem Backstein.

A RIS. NATURALE DIACCIA BOTRONA

2 km nordöstl. | Eintritt

Dieses vor allem aus Sümpfen bestehende Naturschutzgebiet bewohnen fast 200 Vogelarten. Die 1765 erbaute **Casa Rossa Ximenes** beherbergt ein Museum zur Geschichte des Reservats.

1 CREMERIA DA CORRADINI

- Wer Lust auf Eis hat, sollte hier vorbeischauen.
- Klassische und ausgefallene Geschmacksrichtungen wie z. B. Chianti-Eis. Testen Sie sich durch.

Corso Libertà 45 | tgl. 11–23 Uhr

2 OSTERIA DEL MARE GIA' VÒTAPENTOLE

- Fisch, Krustentiere und Muscheln sind die Spezialitäten des Hauses.
- Lassen Sie sich von der *tagliata di tonno* (Thunfisch) verführen.

Via IV Novembre 15 | Di–So 12.30–22 Uhr

REISETIPP
3
Casa Rossa Ximenes
A
Riserva naturale
Diaccia Botrona
San Giovanni Battista
Castello
1
2
Corso della Libertà
Piazza
Orsini
Via degli Olivi
Via Santa Maria
S3
Via Cassiopea
Via delle Ginestre
Via del Muschio
Via Monte Bianco
Via della Pace
Via Nazario Sauro
Via Marconi
Via Roma
V. V. Veneto
V. Montebello
V. San Benedetto Po
V. Ximenes
V. F. Turati
V. F. Cervi
V. Ponte Giogini
V. IV Novembre
Via Orsa Maggiore
PONTE GIORGINI
Via Casa Rossa Ximenes
Via Isolabella
Via Sicilia
Via Montecristo
Viale Tirreno
Via Ansedonia
TYRRHENISCHES MEER
00 m

POPULONIA UND BARATTI

DAS HIGHLIGHT DER ETRUSKERKÜSTE

- **Die Etruskische Riviera erstreckt sich von Livorno bis Piombino und umfasst sowohl die Küste als auch das Hinterland, das als Val di Cornia bekannt ist.**
- **Die Region verdankt ihren Namen der Entdeckung zahlreicher Nekropolen etruskischen Ursprungs, insbesondere entlang des Golfs von Baratti.**
- **www.parchivaldicornia.it**

A POPULONIA

Das Dorf Populonia liegt auf einer Anhöhe und besteht aus drei gepflasterten Straßen, einigen Werkstätten und einem Turm mit Zinnen. Im kleinen Etruskermuseum sind einige Objekte zu sehen.

B PARCO ARCHEOLOGICO DI BARATTI E POPULONIA

Eintritt

Ein Freilichtmuseum mit einer Fläche von 80 ha. Pupluna (Populonia) wurde im 9. Jh. v. Chr. gegründet. Die Größe des Ortes zeugt von seinem einstigen Wohlstand dank reicher Eisenvorkommen. Die **Necropoli San Cerbone**, eine Reihe monumentaler Gräber, ist am besten zugänglich. Weiter durch den Wald folgt die **Necropoli delle Grotte**, noch weiter oben die **Akropolis** (2 Std. Fußweg). Von dort hat man einen herrlichen Blick auf Elba.

1 LA TAVERNA DI POPULONIA

Populonia

- Der idealer Ort für eine leckere *insalata caprese* (mit Tomaten und Mozzarella) oder eine wunderbare Wurstplatte.
- Eine schöne Terrasse spendet Schatten.

Via San Giovanni | tgl. 8–24 Uhr

C SPIAGGIA DI BARATTI

Einer der schönsten Strände der Toskana. Gesäumt von Pinien, mit goldgelbem Sand und klarem Wasser, ist er eine echte Wohltat. Im Süden befindet sich ein charmanter kleiner Hafen.

 Die jeweiligen Öffnungszeiten finden Sie im Register ab S. 150.

Livorno
Monteverdi Marittimo
Donoratico
Cornia
Monterotondo Marittimo
REISETIPP
3
Montieri
E 80 S 1
San Vicenzo
Suvereto
Montebamboli
Prata
S 441
Campiglia Marittima
S 398
VAL DI CORNIA
C
Spiaggia di Baratti
Massa Marittima
Cafaggio
Caldana
Valpiana
Baratti
S 398
Cornia
A 1
ulonia
S 439
B Parco Archeologico di Baratti e Populonia
E 80 S 1
SP 84
SP 60
SP 82
Gavorrano
E 80
S 1
Piombino
Follonica
Scarlino
Portiglione
S 322
Vetulonia
Pian d'Alma
Bruna
Macchiascandona
SP 3
Punta Ala
Elba
Castiglione della Pescaia
S 322
Marina di Grosseto
Principina a Mare
TYRRHENISCHES MEER
5 km
Marina di Alberese

ELBA

VIEL GESCHICHTE UND TÜRKISFARBENES WASSER

- **Fähre: (1 Std.) Piombino–Portoferraio (Abfahrten je nach Saison) www.toremar.it**
- **Tourist-Info: Calata Italia 44, Portoferraio, www.visitelba.it**

EIN WENIG GESCHICHTE

Seit den Etruskern bewohnt, galt Elba Plinius d. Ä. als Insel des guten Weins. Im Mittelalter kämpften Pisaner, Genuesen, Spanier, Toskaner und Franzosen um die strategisch wichtige Insel.

A PORTOFERRAIO

Hauptstadt von Elba

Was für ein Anblick, wenn man mit der Fähre in Portoferraio einläuft! Der Hafen, die Festung auf der Landzunge und die hübschen ockerfarbenen Häuser. Steigen Sie von der Piazza Cavour die **Salita Napoleone** hinauf, eine monumentale Treppe, die zur **Chiesa della Misericordia** führt. Von den Festungen **Forte Stella** und **Forte Falcone**, die im 16. Jh. von Cosimo I. erbaut wurden, genießt man einen herrlichen Blick auf die Bucht.

1 DA GIACOMINO

Viticio (Gemeinde Portoferraio)

- Fisch steht hier an erster Stelle, und das *antipasto* mit Oktopus ist die Spezialität des Hauses.
- Die Terrasse direkt am Ufer mit Ausblick auf das Meer ist großartig.

Tgl. 12.30–14, 19.30–22 Uhr

B AUF DEN SPUREN NAPOLEONS

Villa dei Mulini, Villa S. Martino

1814 ließ sich Napoleon, ins Exil gezwungen, in der **Villa dei Mulini** auf Elba nieder. Man kann die Bibliothek und einige weitere Räume besichtigen. **San Martino** diente ihm als Sommerresidenz.

C SPIAGGIA DI CAVOLI

Im Südwesten der Insel

Einer der schönsten Strände der Insel. Klares Wasser und ein feiner goldener Sand machen diesen langen Strand (360 m) zu einem perfekten Ort für Familien. Freundliche Atmosphäre.

REISETIPP
3
San Vicenzo
E 80
Caldana
Baratti
Populonia
S 398
Piombino
Golf von
Follonica
B Villa dei
Mulini
1
A Portoferraio
Rio nell'Elba
B Villa di
San Martino
ELBA
Spiaggia di
Cavoli
C
TYRRHENISCHES MEER
0
2,5
5 km

REGISTER

G

H

I

K

L

REISENOTIZEN

REISENOTIZEN

REISENOTIZEN

BILDNACHWEIS

Adobe

11, 17, 21, 23 (or, ul, ur), 26 (ol, ur), 27 (ol, u), 29 (o, M), 33 (ur), 36 (ol, or), 38 (or, uM), 40 (ur), 45 (oM, or), 47 (oM, u), 54, 60, 65, 71, 72 (o), 74 (u), 82, 84 (u), 91, 96, 98 (u), 101 (or), 102, 104 (o), 108, 110, 112, 113, 120, 123 (Ml, uM), 134, 141, 143 (ol), 144 (o)

Shutterstock

6, 12, 14, 18, 22, 23 (ol, oM, uM), 24, 26 (oM, or, ul), 27 (oM, or), 28, 29 (u), 30, 31 (u, M), 32 (l), 33 (ol, or, ul), 34 (oM, or, u), 36 (oM, u), 38 (ol, oM, ul, ur), 40 (o, ul), 42 (oM, or, uM, ur), 44, 45 (ul, uM), 47 (ol, or), 50, 58, 62, 66, 72 (u), 74 (o), 76, 79, 81, 84 (o), 86, 90, 95, 98 (o), 101 (ol, oM, u), 104 (u), 106, 114, 117, 118, 121, 123 (o, MM, Mr, ul, ur), 124, 128, 130, 133, 136–137, 137, 140, 143 (oM, or, u), 144 (u), 146, 148

Getty

© Roland Koser: 93; © Jeff Mccollough: 109

AgeFotostock

© Massimiliano Bonatti: 40 (uM); © Otto Stadler/imageBROKER: 116

Hemis.fr

© PISTOLESI Andrea: 13; © HAUSER Patrice: 42 (ol); © John Warburton Lee: 42 (ul); © COLIN Matthieu: 53; © LESCOURRET Jean Pierre: 55; © Jon Arnold Images: 105; © LATASTE Charly 129; © MORANDI Tuul et Bruno: 138

Photononstop

© Mary Evans Picture Library: 31 (o); © Noah Cohen/Westend61: 32 (r); © AGEfotostock: 33 (oM)

Patrice Hauser

34 (ol), 57, 61 (o, u), 67, 69

Jean-Christope Godet

70

Für die Bereitstellung dankt der Verlag

© Joseph-Noël Sylvestre/Musée Paul Valéry de Sète: 26 (uM); © Officina Profumo-Farmaceutica di Santa Maria Novella: 45 (ol), 63 (o); © Dolce Siena: 45 (ur), 92; © La Terrazza: 56; © Eataly: 63 (u); © Grand Hotel Continental Siena – Starhotels Collezione: 94

Die französische Originalausgabe mit dem Titel »Simplissime Toscane – le guide de voyage le + pratique du monde « erschien erstmals 2019 bei Hachette Livre (Hachette Tourisme) in Vanves, Frankreich.

Autorin: Lucie Tournebize
Kartografie: Frédéric Clémençon, Aurélie Huot
Grafische Gestaltung des Innenlayouts und des Umschlags: Studio HelloÉlo
Layout: Chrystel Arnould
Leiter der Buchreihe: Jean-François Mallet

Verantwortlich: Claudia Hohdorf
Übersetzung: Ewald Tange
Redaktion: booklab
Korrektorat: Ulla Thomsen
Satz: booklab
Repro: LUDWIG:media
Herstellung: Alexander Knoll
Printed in Slovenia by Florjancic

ISBN 978-3-7343-2500-7

★★★★★

Sind Sie mit diesem Titel zufrieden? Dann würden wir uns über Ihre Weiterempfehlung freuen.
Erzählen Sie es im Freundeskreis, berichten Sie Ihrem Buchhändler, oder bewerten Sie bei Onlinekauf. Und wenn Sie Kritik, Korrekturen, Aktualisierungen haben, freuen wir uns über Ihre Nachricht an Bruckmann Verlag, Postfach 40 02 09, D-80702 München oder per E-Mail an lektorat@verlagshaus.de

Unser komplettes Programm finden Sie unter

Die Deutsche Nationalbibliothek verzeichnet diese Publikation in der Deutschen Nationalbibliografie; detaillierte bibliografische Daten sind im Internet über http://dnb.d-nb.de abrufbar.